红色记忆® 58

抗战峰火中的兵工生产

海南省文化交流促进会　编

南海出版公司
2017・海口

图书在版编目（CIP）数据

红色记忆．58，抗战烽火中的兵工生产 / 海南省文化交流促进会编．-- 海口：南海出版公司，2017.1（2025.1 重印）

ISBN978-7-5442-8757-9

Ⅰ．①红… Ⅱ．①海… Ⅲ．①革命传统教育—中国—青少年读物 Ⅳ．① D642-49

中国版本图书馆 CIP 数据核字（2017）第 028229 号

HONGSEJIYI · 58——KANGZHAN FENGHUO ZHONG DE BINGGONG SHENGCHAN

红色记忆 · 58——抗战烽火中的兵工生产

作　　者　海南省文化交流促进会
总 策 划　刘　栋
顾　　问　贾延岩
执行总编　任在齐
责任编辑　聂　敏
封面设计　郑广明
排版印务　白　多
发行总监　杨成春
出版发行　南海出版公司　电话：（0898）66568505
社　　址　海南省海口市海秀中路 51 号星华大厦五楼　邮编：570206
电子信箱　nhpublishing@163.com
经　　销　新华书店
印　　刷　天津睿意佳彩印刷有限公司
开　　本　787 毫米 ×1092 毫米　1/16
印　　张　6.5
字　　数　113 千字
版　　次　2017 年 1 月第 1 版　2025 年 1 月第 2 次印刷
书　　号　ISBN978-7-5442-8757-9
定　　价　39.80 元

序

对历史无知的人，没有真正的信仰可言；没有信仰的人，不可能拥有美好的理想，不可能胸怀崇高的情感，也就不可能担负起任何责任。用欲望文化代替历史教育，足以使一个国家的青年被腐蚀、使一个民族的希望被毁掉，使这个国家和民族被永世万代地奴役！

鉴于此，我们呼唤历史，唤回那段属于二十世纪的“红色”历史，唤回那段炮火硝烟、颠沛流离的历史，唤回那冲天的狼烟留下的悲壮回忆、岁月年轮沉淀的斑驳痕迹。历史不应该被忽略，更不应该被遗忘，牢记那段革命战争年代的红色历史更是责任。为了那些不应该被忘却的记忆，为了那些不应该被丢弃的信念，于是就有了这套《红色记忆》丛书。

曾记否，当草鞋与意志丈量出来的两万五千里穿越一个伟大民族五千年的荣辱兴衰，革命的火种被一路播撒、一路点燃。人迹罕至的雪山、荒无人烟的草地被鲜血浸透，衬映出一段光辉的里程；万水千山早已被远远地抛在身后，一轮红日在黄土高原磅礴而起。满目疮痍的河山在 1936 年 10 月温暖如春……

曾记否，当生命和鲜血浸染的十几年光阴将一种记忆铭刻进一个伟大民族的历史画卷，革命的火焰从星火到燎原。这栏杆拍遍、易水悲歌般的呼号，这折戟沉沙、慷慨赴义的悲壮，这铁马冰河、枕戈待旦的苦战，这红旗漫卷、所向披靡的豪迈……腔腔热血、铮铮铁骨早已被熔铸成一座不朽的丰碑，中华民族从苦难中百死后生的壮丽诗史凝结成了五星闪耀的红色记忆。

曾记否，中华人民共和国成立以来，又有无数英烈接过前辈用鲜血染红的旗帜，或壮怀激烈戍边卫国，或忠于职守鞠躬尽瘁，或绝甘分少奉献大爱，甘做国家强盛、人民富裕的铺路石，成为和平年代民族复兴的荣光，把人民心中的红色记忆浸染得分外鲜艳，永不褪色。

这红色记忆，是信念不衰、志向不改的崇高气节；这红色记忆，是无私无我、生属苍生的博大胸怀；这红色记忆，是敢为人先、披荆斩棘的拓荒精神；这红色记忆，是中华民族最宝贵的精神财富。它告诫我们，人事有代谢，传承无绝期。缅怀先烈精神，继承先烈遗志，是社会的道德和民族的良心，是后来者须臾不可忘怀的本分。

老一代人把历史的真实交付给我们，我们有责任用真实还原历史，传承给下一代，把那段岁月与现在年轻人的生活连接到一起，使他们眼中的历史变得立体、真实、可靠，让历史成为他们前进的动力。本丛书将那些流动的、随时会飘散在时间天际的事件凝固下来，希望透过这些文字、图片，感受到英雄们那坚定的革命信念，感受到那个年代澎湃的革命激情，真切体会那段“红色历史”。

忘记历史，就意味着背叛。让我们重温历史，缅怀先烈，从中汲取力量，毅然前行。

刘栋

目录

CONTENT

目录

CONTENT

抗战时期鲜为人知的敌后村级兵工厂

文 / 梁茂芝

在抗战时期，面对侵华日军的优势武器装备，中国共产党领导的敌后抗日根据地的广大军民并没有被吓倒，他们想尽一切办法对付这些武装到牙齿的敌人。在山东五莲山地区一个叫陡峨的小村庄，抗日群众就发挥自己的聪明才智，白手起家办起山东敌后抗日根据地的第一个村级兵工厂，先后造出步枪一千多支，修理各种长、短枪两千多支，为抗战胜利作出了突出贡献。

白手起家

1943 年夏天，八路军山东纵队教导五旅十三团开进山东省五莲县山区。他们像秋风扫落叶一样，打垮了盘踞在这里的日军、汉奸，开辟了五莲山抗日根据地。陡峨村就处在五莲山抗日根据地的中心地带。不久，滨北专署的后勤机关迁到了陡峨村。那时候，陡峨村东的山沟里坚壁着大批军用物资，转运的伤员和南来北往的干部，也常常在这里落脚。

敌人并不甘心在五莲山区的失败，时时刻刻想卷土重来。这年秋天，十三团转到外线作战后，敌人趁机发起残酷“扫荡”。他们更把陡峨村看成眼中钉、肉中刺，每次“扫荡”，陡峨总是重点。为了保卫人民的生命财产和滨北专署机关，在党组织的领导下，陡峨和周围几个村一起成立了民兵联防队。民兵们拿起土枪、土炮、大刀、长矛，日夜与敌人周旋。

但是，他们用这些少量的原始武器和武装到牙齿的敌人作战，当然处于劣势！当时，好枪买不到，枪坏了又没处修。上级有时发给几颗地雷和手榴弹，一次战斗就打光了。一旦遇上大股敌人，就不得不钻山沟跟敌人捉迷藏。专署机关也只好今天转移明天疏散。敌人故意欺负民兵们武器低劣，涂着膏药旗的飞机，几乎擦着房顶骄横地飞来飞去，“嘟嘟”地发射着机关炮。民兵们一个个都气得咬牙切齿，有多少次端着土枪、土炮，瞄着飞机屁股发狠地说："要是老子有条钢枪，看不把你揍得稀巴烂！"可是，到哪里去弄钢枪呢？

不久，大伙儿终于想出了一条门路：没有枪，自己动手造！盘踞在五莲山区的国民党第三专员公署专员张里元的杂牌队伍，曾抓来三十多个手艺较高的铁匠成立了一个修械厂，制造和修理枪支。张里元被十三团打垮后，修械厂的范希梅等七八个工人，趁着兵荒马乱，带上一批修配工具逃了出来，流落在离陡峨村二十里远的小古家沟一带，靠着给群众锔缸补锅维持生活。

听到这个消息后，陡峨村联防队的民兵就聚在一起商议："能把这些人请来，在咱陡峨村安上个枪厂，自己造枪，那该多好啊！"想枪想得迷了的民兵们说干就干，联防队队长王庆元第二天一早，就跑到小古家沟联络去了。范希梅等人听说造枪打日军，当场就满口答应。

接着，王庆元又去滨北专署武装部请示。武装部的罗部长问："你们为什么要建枪厂呢？"王庆元回答："有了枪，才能保家、保田、保卫根据地。陡峨村住着专署机关，藏着重要的军用物资，更要有枪才能保护好！再说，这个村东边、南边都紧靠着山沟，有了情况很容易隐藏，村里又有十一个共产党员和三十多个民兵，这是办枪厂的骨干，只要上级支持，办好枪厂保证没问题。"

接着，罗部长又笑着问："老乡们这种打算很好，有股子抗日的猛劲儿！我们完全支持。可是，造枪可不是说着玩的，既需要过硬的技术力量，还需要机器设备和钢铁等原材料。你们什么也没有，拿什么造枪啊？！"王庆元一拍胸脯："大伙儿都说，枪杆子是我们的命根子。我们白手起家，再难也要把枪厂办起来。"罗部长一边听，一边不住地点头。他沉思了片刻，满意地笑着说："回去告诉大伙儿，先做好准备，等研究一下，再正式通知你们。"

四天以后，滨北专署武装部正式批准了他们的要求，并拨来了一千两百元钱，帮助他们办厂。

消息传来，陡峨全村老少奔走相告，民兵们更是高兴得不得了。村农救会会长王玉法也把自己的三间堂屋、两间草棚倒出来，做了厂房和工人的宿舍。民兵联防队副队长王西带领几个民兵连夜去小古家沟帮助工人们搬来了家什，一样样安在了这间简陋的茅草屋里。不久，范希梅等人赶着驴又回到张里元修械厂旧址，挖出了埋藏在山沟里的一个大风箱、二十支锉刀、两个铁砧和四把老虎钳。人手不够，就让村里几个民兵顶上，工人很快增加到十三人。陡峨枪厂，就这样在 1943 年冬建立起来了。

首试失利

建起了枪厂，王庆元和联防队副队长王西等几个主要干部分了工。王西和村自卫团团长王庆田具体负责筹集造枪所需要的物资。当时，煤炭倒是容易解决，到海边驮趟盐，就能到博山换回炭来。木料也不难解决，民兵们家里长着核桃树，需要了就砍上几棵。难就难在铁上，刚刚从敌人铁蹄下解放出来的新区，民间的铁器、钢材几乎被日伪军收尽抢光了，要找一块好钢简直比沙里淘金还难啊！民兵们勉强凑集了一些破镢头、耙齿、钎子棍，用这些废铁来代替钢。

然而，要把一堆废铁打成枪就更不容易了。那时候，不要说车床、空气锤，就连架手摇台钻都没有。大伙只好把废铁放在炉里烧红，用大锤砸成铁片，绕在圆铁棍上，扭成麻花形，然后再回炉烧红，打成枪筒子的样子。还把六尺多长的大台杆枪筒，截成三段，打得和步枪筒子一样粗细。枪筒的模坯造出来了，就用老虎钳夹住，用钢钻一下一下钻，用凿刀一下一下凿，用铁锉一下一下锉。锉不圆，就用鲨鱼皮代替砂纸，一遍一遍磨圆。造好一支枪筒，不知要捣弄多少遍。造枪栓也是这样，一根两三斤重的铁棍，七凿八锉，最后到成品时，已不到一斤重了。

因为全靠手工操作，大伙儿可辛苦了。开工后的第一天，每个人的手上就磨起了一串串血泡。当时，已是深秋时节，西北风凉飕飕地往草棚里钻，但每个人脸上的汗水却像断了线的珠子，一串串地落在地上。这般艰苦的劳动，却没有一个人叫苦喊累。钢梁磨绣针，功到自然成。经过大伙儿的努力，八支崭新的钢枪终于造出来了。

“出枪了！”这个振奋人心的消息，像春风一样吹遍了全村，人们像潮水一样拥进了枪厂。老大爷笑得胡子开了花，感慨地说：“这下有本钱了，敌人再来发熊，揍他们！”青年小伙子你争我夺，爱不释手。儿童团团员也撇下红缨枪，争着往肩上背。民兵们的劲头更高了。

枪是造出来了，质量到底怎么样？他们决定举行一次试枪射击。消息一传出，八支新枪就被前来参观的群众围得水泄不通。“闪开点，闪开点！”王庆元和另外几个民兵招呼围观的人们往后站。八个兴高采烈的民兵每人扛着一块大青石板，放在一道坝埂上，一字儿摆开。枪放在石板面上，人藏在石板底下，很快准备就绪。

这时候，几百个人鸦雀无声，上千只眼睛紧盯着新枪，都在关心着它的命运。只见王庆元把手一挥，喊了声“放”，八个民兵便同时扣动了扳机。糟糕！随着一声震天动地的爆炸声，一阵浓烟卷着铁片、石块，一股脑儿飞向天空。原来，枪管爆炸了。

人们跑上去一看，不由得愣住了。只见八个放枪的民兵手掌和手指都被震得铁青，有的指头缝里流出了鲜红的血。大伙儿你看看我，我看看你，有的摇头，有的叹息。

天不负人

当天晚上，枪厂的同志和全体党员、民兵在村东的三间茅草屋里召开了紧急会议。大家闷坐在一盏豆油灯下，昏黄的灯光照着一张张愁眉不展的脸。村党支部书记王志梅见大家的情绪不对劲，便解开扎腰带另束了一下，诙谐地来了个开场白：“怎么着了，枪炸了，把大家都炸成哑巴啦？你们以为这就败啦？不！照我看，造出枪是第一个胜利，不炸枪管是第二个胜利，现在咱就应该鼓起劲来，夺取第二个胜利……”

大家一起分析了这次炸枪管的原因。几个人不约而同地说：“事情明摆着，一个是造得不够标准，光为了早出枪打鬼子，把规格质量给忽视了。再是原料不行，这些废铁造的枪打‘沙子’还可以，打子弹怎么能顶得住？”可是，原料铁又从哪儿来呢？大家着急却无计可施。最后，王志梅说：“这样吧，先派两个代表请示一下上级，看能不能给想点办法。”

在史家庄子的一间茅草屋里，滨北专署武装部的罗部长接见了王庆元和王西。当他知道他们的来意后，微笑着说：“你们干得很有成绩嘛！造出了枪，这就不简单。在暂时的失败面前，不能灰心丧气，不能急躁，要冷静。”接着，他又说：“现在敌人对钢铁封锁得很严，咱大部队上的钢材也很缺。等过几天，可以发给你们一点，不过数量可不多。主要的还是靠你们自己想办法解决。”临走，他又特别嘱咐道：“群众里头有的是诸葛亮，有了困难别忘了找他们。”

回村后，王庆元和王西马上请了一部分群众和工人、民兵们凑在一起，召开了个“诸葛亮会”。会上，大家提出了很多办法。接着，民兵们冒着风险，到敌占区的大集上以修锅的名义买了一宗原料铁。同时还通过组织关系串联了几个可靠的商人，请他们到青岛等大城市代买了一些旧钢材。正在这时，潍徐公路上的一个日军炮楼叫八路军拿下来了，枪厂接到了前去领铁的通知，民兵们连扛加抬运回一千多斤铁。

枪厂又恢复了原来的生气。工人、民兵们每每想到群众“一定得出好枪啊，这可是与敌人对命的”的嘱托，就觉着肩上的担子有千斤重。为了保证枪的质量，大伙儿对每一道工序、每一个零件，都认真地去做，仔细地检查。一发现漏洞就马上补，一有偏差就马上纠正，一遍不行两遍，两遍不行三遍，直到符合标准为止。大伙儿常常分班轮干，歇人不歇工具，每人每天至少要干十二小时的活。在最紧张的时候，就从天明干到天黑，再从天黑干到天明。有时候累得不能坚持了，就倒在红炉旁，借着炉火的温度，甜甜地睡上一会儿。吃饭的时候，也不离炉子，吃过了，把筷子一丢又继续干起来。

大伙儿还因陋就简，试制了一些新的造枪工具。譬如，为了解决枪眼容易钻偏的问题，就把大洋布用细麻绳密密麻麻地缝成一丈二尺长、两寸宽的布带，代替转动带，套在特制的轮子上。这样就可以一个人用手转动轮子，带动钢钻，一个人用肩膀顶着硬钻，比直接转动钢钻既快又准确得多了。大家还把石块、碗片砸碎，砸均匀，胶在布片上，做成土砂纸，再套在纺车上，手摇车把，带动土砂纸旋转，制成手摇砂轮。这样操作，既省工省力，又磨得光滑，使枪的质量大大提高了。

离第一次试枪已经过去一个月了。这一天，又是个阳光和煦、天气晴朗的好日子，大家又聚集在第一次试枪的地点，观看第二次试枪。工人们把枪筒擦了一遍又一遍，一丁点儿灰尘都没有。老人们合着手掌，默默地祷告着：“神仙保佑，枪筒不炸。”民兵们也都低声地议论着，这个说：“这次准能打响！”那个说：“看样子不会再炸了。”话虽这么说，可谁都吊着一颗心。

这一次，王庆元亲自出马了。只见他右手食指轻轻一动，“叭——勾”一声脆响，子弹头冲出枪筒，呼啸着飞向远方。接着，第二粒、第三粒……一连成功发射了二十粒。人们像母亲听见胎儿落地的哭声一样，高兴得不知说什么好，围起工人和民兵们一个劲儿地贺喜。

战场显威

“陡峨出枪了！”这个消息像晴天霹雳一样，惊动了敌人。

有一天，从村西走来一个卖盐的人。他卖了盐后，就在村里到处转，碰到小孩就悄悄地问：“你们村的枪厂有多少人？”民兵早就对孩子们进行了保密教育，对外就说村里新安了个铁匠炉。至于多少人，造了多少枪更是保密。卖盐的打听了半天，也没摸着枪厂的底细。

接近中午，王庆元带领几个民兵从村东走来了，和卖盐的人一见面，王庆元就说：“这不是大绿旺村的杜皮匠吗？什么时候改的行？”杜皮匠被问得张口结舌，前言不搭后语，正想赶着驴离开，便被民兵们赶上前去用新造的枪拦住了。

经过盘问才知道，这个杜皮匠的儿子在离陡峨村不远的日军据点当伪军小队副，他受儿子的托付，以卖盐为名来探听枪厂消息的。

敌人的阴谋暴露了，大伙也擦亮了眼睛。村里原来的三座炮楼和三条主要街道上的五道寨门都重新整修了，民兵们轮流在上边站岗放哨。民兵们还经常活动在五里路外的西岭上，一旦发现敌情，就赶紧向家里发信号。枪厂的工人也全部参加了民兵，一手拿钳，一手拿枪，随时都准备打仗。为了能随时转移，每个人都有一个篮子，遇到敌人侵袭，就将工具放在篮子里，背上就走；笨重的工具就抬到山沟里，放在地窖里；造出的成品或半成品，有时吊在井里，有时埋在地里。

1944 年秋天的一个晚上，枪厂的工人和民兵们正在紧张地忙活着，突然听到一阵手榴弹的爆炸声。这是在西岭放哨的民兵传来的讯号：敌人来偷袭枪厂了。工人们有的背起篮子，抬起工具，钻进山洞；有的和民兵一起，紧急集合，端起新造的枪，迅速穿过中至河，隐藏在河西的树林里。

待敌人走近，王庆元发出了第一枪，一个伪军应声倒下。接着，民兵们手中的枪一起欢叫起来，手榴弹也在敌群中爆炸。敌人一看他们的枪这样厉害，火力这样猛，以为遇上了大部队，像被吓破胆的老鼠一样狼狈逃窜了。王庆元指着敌人撇下的尸体，兴奋地说："咱造的枪头一次上阵，就立下了功劳！"民兵们也非常兴奋，他们抚摸着枪身，脸上浮现出胜利的喜悦和自豪。

敌人能侵占陡峨村，民兵们的胆量更大了，造枪的劲头也更足了。到 1944 年 8 月，枪厂工人已增加到三十人，平均每天能造出一支枪。这些枪虽然不是用机器造的，但各种机件构造比较精细，打得比较准，杀伤力很大，不仅为五莲山区的抗日游击战提供了一批得力武器，还一批又一批地送到了沂蒙山一带的抗日根据地。

一天，滨北专署的罗部长等几位首长来陡峨村参观枪厂来了。罗部长先要了一支新造的枪，拉开枪栓，仔细地查看了各部分的构造。然后瞄着村外，一连打了五枪，枪枪都发出了与大盖枪差不多的声音。他放下枪就进了厂房，那里没有一部机器，只有一盘红炉和一些锤子、锉刀、老虎钳等简单工具。他赞不绝口地说："你们真能干，真是石头也能榨出油来！你们是山东敌后抗日根据地的第一个村级兵工厂，感谢你们为抗日工作作出了贡献。"说完，他和枪厂的工人、民兵们一一握了手。

陡峨枪厂就靠这种从石头里往外榨油的精神，共造出步枪一千多支，修理各种长、短枪两千多支。1945 年春，滨北专署为了表彰他们的事迹，特别绣了一面锦旗奖给他们，上面绣着“能工巧匠”四个大字。

（本文根据山东人民出版社1982年出版的《潍河怒涛》和中共党史出版社2005年出版的《抗战时期的八路军兵工厂》等资料，以及采访陡峨村原联防队队长王庆元的儿子王德超的记录资料撰写。发表于2016年6月15日和20日，选自《通辽日报》）

王林寿：山沟沟里造出手枪和炮弹

文/苗 静　石 维

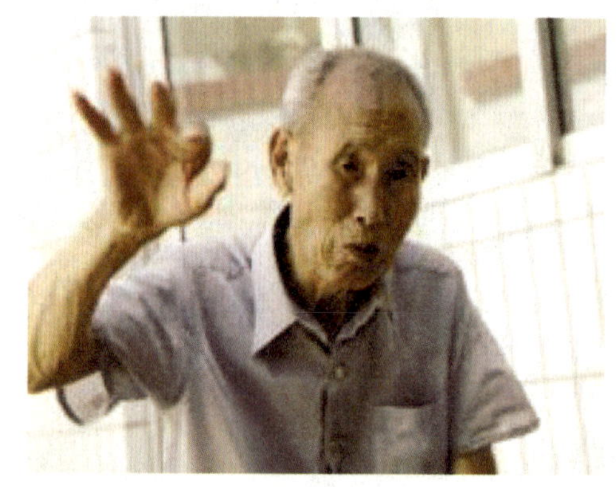

王林寿老人

王林寿，1927年12月11日出生。1939年7月在中共地下党员的引荐下参加八路军，同年来到当时的平山县后古道村兵工厂，担任通信员。其间，出色地完成了各兵工厂之间的联络和运送造弹器械等工作。1945年3月，王林寿加入了中国共产党。1949年12月，兵工厂搬迁后，王林寿退伍返乡。

抗日战争时期，八路军的兵工厂就隐藏在太行山下。兵工们在山沟里以难以想象的方式自制子弹、手榴弹、炮弹，对抵抗日军侵略起到了至关重要的作用。只是，历史赋予了它太多的神秘，同时也让它归于沉寂。昨日，笔者走进石家庄市平山县胜佛村，通过一位兵工厂老通信员的回忆，重新走近这段历史。

生活惬意自在　喜欢跟同龄人聊天

位于平山县城以北不远处的胜佛村，路两边整齐矗立着一栋栋二层小楼。走过宽阔的街道，王林寿的家就在一个独门小院里。小院内干净整洁，南屋门前的瓜架上挂着五六个成熟的北瓜，西屋门前几株小花刚刚浇过水。听说笔者来采访，八十八岁的王林寿老人特意挑选了一件干净平整的蓝色衬衣换上，稳步经北屋的台阶来到小院。尽管已是耄耋之年，老人的精神状态依然很好，腿脚也很利索，只是牙口不如前两年了。老人年纪大了之后，和二儿子同住。“我平日里早早就起床了，喜欢去村西的马路上散步，吃过饭找几个同龄的老头儿聊聊天，一起看看报纸。虽然眼神不如前几年，但也还能看得见。日子过得还算不错。”

随着时间的推移，村里的老人先后辞世，如今还健在的、与王林寿同龄的老人只有四位了，能聊聊天的人越来越少。好在他的两个儿子都很孝顺，虽然日子算不上富裕，但也惬意自在。谈起现在的生活，老人看看湛蓝的天空，又伸手摸摸下巴，沧桑的脸庞写满了慈祥。他还保存着一枚民政部门2005年发放的纪念中国人民抗日战争胜利60周年的纪念章。

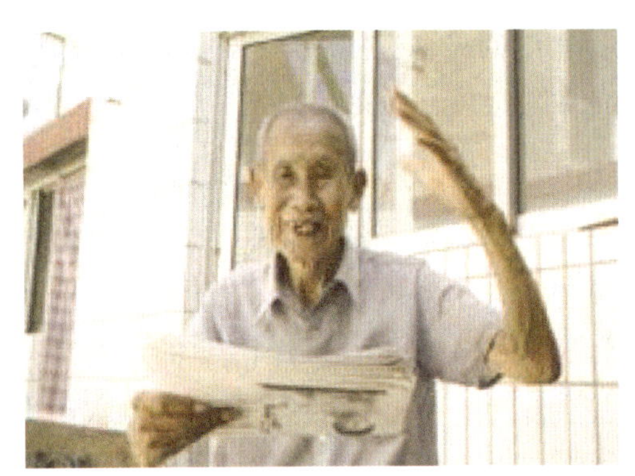
老人回忆往事，历历在目

十几岁就当上了兵工厂通信员

“打鬼子的年代，我在八路军的兵工厂当过好几年通信员。”回忆起这段历史，这位老兵因年老而浑浊的眼睛闪起亮光。1938年，日军已经占领了整个平山县城，并在县城周围垒起城墙建立据点，日军和伪军烧杀抢掠，人们生活在水深火热之中。王林寿十二周岁时，一位年轻的地下党员找到他，问他是否愿意参加八路军，抵抗日本人的侵略。虽然只是十几岁的孩子，但是他知道八路军是帮助老百姓打日军的，而他也见到过很多日军欺压中国人的场景，所以他立刻点头答应了。在这位地下党员的引荐下，他来到当时平山山区一个名叫后古道村的地方，成为一名兵工厂通信员。“因为年龄小，做不了炮弹，只能当通信员。那时候，像我这么大年纪的通信员还有不少。”为了便于隐藏，他所在的兵工厂分散在附近三个村，他们在这些村落里来去匆匆，传递信息。有时还赶着毛驴运送制作弹药的器械。由于工作表现突出，1945年3月，王林寿加入了中国共产党。这个日子，老人至今记忆犹新。“觉得特别光荣！我的心一直向着党。”

工人自己炼铁制作炸弹、手榴弹

据老人回忆，在抗日战争时期，兵工厂生产的武器在抵抗日军侵略的战斗中发挥了不小作用，很多弹药供给都出自这里。兵工厂设有子弹房、炼铜房，还有一些机床，都安放在老百姓家里。机器是怎么运来的呢？王林寿笑了：“靠毛驴呗！”打铁用的则是土办法：把重物（比如石磨）拴在粗绳子两头，找根支架把它吊起来，等重物到达高处后，人们放开绳子就会发出“咚”的一声。“你们肯定想不到，山沟里连根铁钉都找不到，怎么可能造出炮弹呢？然而，炮弹的确造了出来，就是用这种方式。我们都觉得兵工们真是有办法，很伟大！”

兵工们把用土办法炼好的铁装在枪械模具里，制作枪支。制作地雷时，也通过专门的模具，制出一个空心的铁疙瘩，在铁疙瘩里装好炸药，就制成了地雷。而手榴弹则是用木头做壳，小杨木、大杨木、柳木、梧桐木都成了原料。

多次躲过日军“围剿”兵工厂得以幸存

虽然兵工厂隐于山沟，但也并非万无一失。一次，日军不知从哪里得到消息，派出一个小分队对兵工厂进行“围剿”。由于手中武器不足，而武装部队又较远，因此为了保存实力，得到消息的兵工们立刻撤离到山上。撤离前，他们将部分制弹设备深埋土中，不方便掩埋的则抛入山沟中。“山上小路旁有一块一人多高的大石头，我和战友们就藏在石头后边。不一会儿，就看到一队戴着头盔、脚穿大皮鞋、背着行军毯的鬼子沿小路从石头旁经过。因为没有找到兵工厂，敌人只好撤退了。我们下山后，立刻找回隐藏的设备，重新恢复了生产。”王林寿回忆道。还有一次，敌人到兵工厂一带“扫荡”，他们在庄稼地里与敌人发生了冲突。敌人用机枪向庄稼地扫射，比他长几岁的张明起膝关节被子弹击中，战友们有的射击掩护，有的扶着张明起回到村中。“他原来是通信员，受伤后腿不能走了，但是仍然坚守在兵工厂，为前线制作手榴弹。”1949 年 12 月，王林寿退伍回乡。

（本文发表于 2014 年 8 月 12 日，选自《燕赵晚报》，有删节）

英雄不问出处

——活跃在陕甘宁边区的兵工科技工作者

文/陈珂珂　王　新

抗日战争全面爆发后，面对民族危难，有志之士不顾个人安危走上抗日救亡之路，涌现出许多可歌可泣的英雄人物和光辉事迹。其中，就有这样一些科技工作者，他们选择了奔向当时最为艰苦的地区之一——中国共产党领导下的陕甘宁边区，在经济和文化极度落后、科研条件极其艰苦的地方，靠自己的勤奋好学和实干精神，自力更生，艰苦奋斗，将自己的所学发挥到极致，创造出一个个不可思议的奇迹，极大地促进了边区的经济发展和军工生产，有力地支持了抗日战争。

“边区工业之父”沈鸿

沈鸿，1906年出生于浙江省海宁县（今海宁市）。由于家庭贫困，小学没有毕业的他，早早地就来到了上海一家布店做学徒。他完全靠业余时间自学，掌握了不少机器方面的专业技术与知识。后来他和朋友开了一家名叫“利用”的小机器厂，专门生产各种民用锁，开始了他工程设计师的生涯。抗战爆发时，沈鸿的利用五金厂已经发展到三十多人的规模，生产范围也扩大到各种专业机床。

1939年沈鸿（右一）和部分技术人员在安塞茶坊合影

1937年八一三事变后，沈鸿决定将工厂内迁，为抗战服务。经过重重险阻到达武汉后，沈鸿却被告知不能建厂开工，需要继续内迁至四川。彷徨失望的他，得知中国共产党领导下的陕甘宁边区急需机器设备和技术人员，便决心投奔延安，支援抗战。1938 年 2 月，沈鸿带着七名工人和十部机器经西安辗转到达延安，成为抗战时期唯一一家从上海内迁至延安的民营工厂。

左起：钱志道、沈鸿、宋少华、毛远耀，在延安合影

当时的延安，只有一个小兵工厂，设备简陋，人员技术水平也很低，仅能够进行枪械修理和弹药制造。全面抗战爆发后，为适应形势发展的需要，急需扩大兵工厂的规模。沈鸿等人及携带的机器设备一到延安，就被分配到了兵工厂，一个月后厂址迁到安塞县（今延安市安塞区）茶坊村，正式改名为“陕甘宁边区机器厂”（即“茶坊兵工厂”），沈鸿被委任为总工程师。

兵工厂有了机器设备和技术工人，在沈鸿的带领下，以这十部机器为基础，制造出了一些适合边区条件的、易于搬迁的新型母机，继而又陆续制造出了各种机器。据统计，沈鸿等人设计并制造了供子弹厂、迫击炮厂、枪厂、火药厂和前方游动修械厂使用的成套机器设备一百三十四种型号数百台（套）。在装备了兵工厂的同时也装备了一些民用工厂，为根据地新建或扩建的印刷厂、造纸厂和石油厂等十三个民用工厂提供了通用和专用设备四百多部（件）。

沈鸿从上海带到延安的铣床

沈鸿和他所在的茶坊兵工厂，总是千方百计为前方部队着想。1939 年，为适应前方部队游击战的需要，沈鸿精心设计了一整套修理枪械用的小机器，包括小型的车床、铣床、刨床、钻床等设备。由于设备体积小，重量轻，一匹骡子就能驮走，被形象地称为“马背工厂”，深受前方部队欢迎。

陕甘宁边区受几方封锁，生铁

原料来源十分紧缺。生产上打打停停不是办法，沈鸿便向毛泽东等中央领导建议自己动手炼铁。1943 年，党中央要求边区自己炼铁，军工局指派沈鸿和徐驰负责。在一无材料、二无设备的情况下，两人凭借手头仅有的英文、德文图书资料，边学边干。没有耐火砖，就找来陕北的白坩土代替；没有焦炭当燃料，就实验用木炭烧炼。其间，沈鸿几乎每天都很少睡觉。经过不断摸索，最终炼出了铁，结束了边区无铁的历史。

沈鸿对陕甘宁边区的工业，特别是军工业的建立和发展起到了积极的、重要的作用。由于贡献突出，沈鸿先后三次被评为陕甘宁边区劳动模范和特等劳动模范。1942 年荣获毛泽东亲笔为他题写的“无限忠诚”的特等劳动模范奖状。此外，毛泽东与林伯渠等人还亲切地把沈鸿称为“边区工业之父”。

建立边区基本化学工业的钱志道

钱志道，1910 年出生于浙江绍兴，1935 年毕业于浙江大学化学系，后留校任助教。抗日战争爆发前夕毅然投笔从戎，先后应聘到南京中央化学研究所和太原理化研究所，研究毒气和防毒面具。1938 年 3 月，日军进逼太原，钱志道失业在家。有一次他在《新华日报》上看到一篇八路军为防毒募捐的启事后，立即给毛泽东写信自荐，希望能够到延安参加抗战。4 月底，钱志道收到毛泽东办公室秘书长代写的回信，欢迎他到延安去。5 月 28 日，钱志道到达延安后，被安排到中央军委军工局工作，任化学总工程师。这样，他又有了用武之地。

当时陕甘宁边区极其缺乏必要的实验材料与设备，理化实验不是无酸，就是缺碱，连一般的天平也没有。面对如此艰苦的条件，钱志道毫不气馁，一切从零开始，建立起边区自己的基本化学工业。钱志道没有学过机械，他便虚心向懂机械的技术人员请教，与机械专家沈鸿共同研究，设计制造了多部机器设备，解决了许多化学机械上的困难。在他的带领下，大家克服重重困难，边学习、边研究、边试制，陕甘宁边区仅用了一年时间，就建立了一座从基本化工产品到火药和炸药都有的制造工厂。

由于边区缺少原料，弹药生产通常都是采取子弹复装的方法，由前方军民收集空弹壳再重装火药使用。后来由于火药量供应不足，军工局决定自己制造无烟弹药。在没有任何经验和实践的情况下，钱志道和沈鸿等人一起研究，靠着一本《化学工业大全》和一本英文版的《军用火药》，找到了研制方法。其间需要高浓度的酒精做原料，他们就自己动手酿酒，并设计制造酒精蒸馏塔。经过不断试验，做出了纯度达 98.5% 的酒精。无烟火药也终于制成，提高了复装子弹、手榴弹的杀伤力。

1942 年以前化学厂生产的手榴弹，全部装的是杀伤威力很小的黑火药。钱志道研究了有关资料后调整了硝硫混酸的配比，生产出“强棉”（即含氯量高的硝化棉）。用它制造的手榴弹，极大地提高了爆破威力，成为化学厂的一大发明。从 1943 年 10 月至 1945 年底，两年时间里化学厂共制造了四万多枚这种手榴弹。

由于边区缺乏原料和设备，很多化学原料都是靠土办法制作而成的。在技术水平上，钱志道主持设计和安装的硫酸（铅室法）、硝化甘油（硝化喷射分离器法）、硝化棉（汤姆逊法）等工艺装置在当时的国内都是先进的。他还用电解法成功研制出了氯酸钾，使边区的火药和火柴制造拥有了重要原料。同时，他还和华寿俊研制出了钞票纸，解决了边区印制纸币问题。

由于钱志道对边区基本化学及火药生产作出的贡献，被誉为“创立边区基本化学工业的模范工程师”，两度被评选为边区特等劳动模范，毛泽东也曾接见他并为他亲笔题词“热心创造”。

（本文发表于 2015 年 8 月 18 日，选自《科技日报》，有删节）

抗战硝烟里的中国军工传奇

文 / 高海博

“强国必须强国防，强军必须强军工”已经是中国军工人的共识。而其背后，蕴含的是近代中国，尤其是抗日战争的惨痛记忆。

原兵器工业部直属机关党委副书记、九十二岁的新四军老战士樊明辅对笔者说：“那时候很多战斗都要‘拿人拼’。”汪伪政权的一本杂志中曾说，八路军战士“见到了对方的机枪，那可红了眼，不管火力多么硬，不管火网多么紧，他们常硬着头皮冲上去”。

混　乱

全国抗战爆发前，中国的轻武器生产体系已基本建成，但军工整体水平仍远逊于世界。

当时，中国在杭州和南昌拥有两个飞机制造厂，但只能组装少量的飞机，大部分部件靠进口。同期，日本则拥有多款自主研发的战斗机和攻击机。

海军装备方面，日本的实力仅次于美国和英国，中国海军的总排水量只有日本的三十分之一。

虽然中国一度从德国购买各种武器装备，但因为1938年2月希特勒禁止对华出售武器，中国军队的德式装备再也无法得到有效补给。

兵工们正在整理武器

不仅如此，中国近代军事工业长期处于分散状态，造成全国武器制式严重不统一。

在山西，阎锡山创办了太原

兵工厂；在沈阳，张作霖创建了奉天兵工厂。这两个兵工厂的产品自成体系，一些装备在引进后又被改造，加重了制式的混乱。比如，奉天兵工厂生产的重机枪是仿制的日本枪械，但加长了枪身。其他兵工厂即便有同款重机枪，也无法通用，零件亦不能互换。太原兵工厂的“晋阳炮”虽然性能不错，但其他兵工厂生产的炮弹却不能适用。

《中国近代兵工史》作者曾祥颖对笔者说，当时中国枪械有多种口径，虽然中央政府曾经下文要求各厂都用6.8毫米的口径，但命令形同虚设。1932年至1936年，“中国的兵器同世界水平的差距至少是半个世纪”。

搬　迁

1937年11月8日，太原失守。

太原失守前，太原兵工厂就遭到了敌机的轰炸。危急之中，阎锡山下令工厂搬迁。当时，厂里的精密设备和重要原材料，从陆路、铁路向南运送；搬不走的设备，则予以掩埋。还有来不及处理的三千五百件设备，全部被日军拆卸，陆续运回了日本，仅剩下十二部圆车。太原兵工厂的部分工人带着少数设备，一路南撤，最远的到达四川广元。但沿途建立的几个工厂规模都不大，只能生产步枪、机枪和手榴弹等武器，曾经以生产“晋阳炮”而闻名的太原兵工厂，彻底失去了生产重型武器的能力。

此时，在上海，抗战前中国最大的造船企业，创建于1865年的江南造船厂（当时叫“江南造船所”）已经被日军控制。

在南京，金陵兵工厂的厂长李承干心急如焚——如果该厂再被日军夺走，抗战的武器装备更加堪忧。

搬迁从1937年11月16日开始。当时，日军即将兵临南京城下。

但四千多吨物资要完好无损地运走，在那个年代极为困难。南京的局势已经十分危急，人们纷纷逃离。中华门火车站的车皮极度紧张，火车站站长说兵工厂的要求无法满足。李承干将军命令车站，必须保证金陵兵工厂的物资在规定时间内运走，“否则我要到军事法庭去告你们”。

同样重要的是水路运输，金陵兵工厂正好位于秦淮河岸边，厂门外就有一个专用的货运码头。

在拥挤慌乱的人群中，金陵兵工厂的设备出发了。

这一路走得异常惊险，敌机在上空盘旋轰炸，船上秩序又很混乱。有官员在船上装了很多家具，李承干叫工人把家具掀下江去。

随着战事进展，当时的巩县（今巩义市）兵工厂与汉阳兵工厂等一批重要兵

工厂，被国民政府命令迅速内迁。

11 月 15 日清晨，巩县兵工厂接到国民政府军政部兵工署的紧急命令：“将未安装的机器运往武汉。”但是，下午命令又改成：“将全部机器拆卸运往汉口。”第二天，工厂再次收到急令：“将工厂迁往株洲，限时一周内拆卸运出。”

最终，兵工厂迁移的终点变成了四川。

坚　持

迁到重庆的众多兵工厂，沿嘉陵江分布开来，形成了较为完善的分工合作体系。

恰恰是西迁的过程中，地方军阀交出了兵工厂的控制权，当时的国民政府基本上恢复了对整个军工行业的全面控制。

今天重庆周边的大山中，有不少当时人工修建的山洞车间。其中一个厂在抗战期间生产枪弹接近六亿发，是抗战时期大后方规模最大的枪弹生产基地。

第一个搬来重庆的金陵兵工厂，在工人们的努力下，三个月后，就以第二十一兵工厂的新名字复工生产了。消息传到武汉，时任兵工署署长的俞大维不敢相信，专门为此跑到重庆视察。在极度困难的情况下，第二十一兵工厂不仅提供了大量的制式武器，还致力于研发和改进武器。马克沁重机枪一万八千挺，捷克式轻机枪一万五千挺，八二迫击炮七千多门，六〇迫击炮两千多门，各种步枪三十二万支，各种炮弹四百七十七万发——抗战期间，第二十一兵工厂生产的武器占整个兵工系统的一半以上，是当时中国规模最大、生产能力最强的兵工厂。第二十一兵工厂也留下了李承干的身影。终生未婚的李承干，在离开第二十一兵工厂之时，只带走了一箱自己的日用品，还有一箱书。

小老板建兵工厂

在遥远的大西北，中国共产党领导下的军工事业也迈开了新的步子。

1938 年春天，布店学徒出身的五金厂老板沈鸿到达延安，他被分配到茶坊兵工厂工作。这时的茶坊兵工厂主要是修理枪械，自行生产的武器也就是手榴弹和地雷。沈鸿带来的十部机床和七名技术工人，也因此显得格外珍贵。

1938 年春天，一个叫钱志道的人来拜访沈鸿。毕业于浙江大学化学系的钱志道，曾在军工部门研究防化武器。钱志道到延安后，领导就叫他筹建火炸药工厂。但实际上，做防化武器的他，没有研制过火炸药。他最大的难题是没有机器设备，于是找到沈鸿。沈鸿一口答应，帮钱志道做机器。化学厂的生产设备有一些特殊的要求，耐压、耐腐蚀、耐高温等，要做成功没那么容易。于是，钱志道根据自己的化学知识，提出设备需求，简单画张草图，沈鸿再拿着草图去研究。

用了两年时间，陕甘宁边区的第一家化学厂终于筹建成功了。

1938年，八路军开辟了一系列新的敌后抗日根据地，各部队的军工系统也就此铺开。当时人们研制的一种无名式马步枪的外形有点奇特，枪管短，近似马枪，但实际上是一款步枪。它是中国最早自主设计制造的步枪之一，也是世界步枪轻型化的先例。

在延安安塞县温家沟村，当地人还记得，曾经的旧窑洞当时叫“陕甘宁边区机器厂第二厂”，人们习惯叫它“温家沟兵工厂”。当年，工厂负责人刘贵福就在这里造出了无名式马步枪。刘贵福之子、北方工程设计研究院高级工程师刘国梁告诉笔者，曾经一度，窑洞里放着满满的缴获的机枪、步枪，无人修理，刘贵福等人去了以后，一个多月，就修了一百多挺机枪。

1938年11月，日军飞机曾两次对延安进行轰炸，刘贵福受命组织人员制造高射武器。他们挑出两挺马克沁重机枪，对枪身加以研究、改造，用了六天六夜的时间，改装出两挺高射机枪，架设到山头上。

有了高射机枪的成功经验，工人们就在想，为什么不可以研制步枪呢？经过三个月不断地钻研，他们真的自主试制出了第一支步枪。因为不知道怎么命名，干脆就叫它“无名式马步枪”。

当年的五一国际劳动节，中共中央在延安桥儿沟大礼堂举办陕甘宁边区第一届工业展览会。在展览会上，无名式马步枪十分引人注目。最后，它荣获甲等产品奖。

后悔多打了子弹

1941年，敌后抗战进入最困难的时期。

八路军和新四军的重武器本来就非常少，步枪也做不到人手一支，多年战争下来，这些枪支已经老化，战斗性能非常差。雪上加霜的是，敌后兵工厂在敌人“扫荡”和“清乡”中，被迫化整为零，生产能力急剧下降。不少技术工人在突围中牺牲，兵工厂不得不从民间招募手工业者来补充队伍。

敌后军工事业一夜间又退回到原点。与枪械不足相比，更严重的问题是缺少子弹。九十二岁的新四军兵工厂老战士陈光中记得，自己一直背着十五发子弹。有一次，一场战斗下来，“我打了三发子弹，回来挺后悔，我说我多打了子弹”。就如同歌里所唱的，那时候人们被要求“每一颗子弹消灭一个敌人”。

很多电影中没有表现的一个细节，那就是战斗结束后，战士们还有一个重要任务——捡弹壳。捡回弹壳后，先把变形的空弹壳整形，装填进火药，再做个铜帽，把子弹密封。

当时的军事工业普遍使用无烟火药，因为颜色发黄，所以常被称为“黄火

药”。生产黄火药，正规的化工设备和原料必不可少，但敌后的兵工厂那时却是一穷二白。1944 年，美军观察组在晋察冀军区惊讶地发现，早在 1940 年，这里就靠土办法做出了高品质的黄火药。八十七岁的八路军兵工厂老战士、原四川核工业局综合处处长李士勤告诉笔者，做火药要用硫酸，因此衣服被腐蚀得厉害，“比叫花子还难看”。

中华人民共和国成立后，当年黄崖洞兵工厂的人员中，有一部分来到了南京。原来的金陵兵工厂旧址上，再次矗立起中华人民共和国重要的军工生产基地。

当年的太原兵工厂旧址上，如今是一座新型的军工企业，这里曾生产出中华人民共和国第一门七十六毫米加农炮。2008 年奥运会的礼炮也由他们生产。

江南造船厂一直以舰船生产为主业，中华人民共和国第一艘潜艇、第一艘护卫舰、第一艘新型导弹驱逐舰都在这里诞生。

那些在战火中成长的梦想，终于得以实现。

（本文发表于 2015 年 10 月 22 日，选自《瞭望东方周刊》第 666 期，有删节）

真假雷、硫酸雷让日军防不胜防

文 / 王腾腾　韩　璐

1962 年，由中国人民解放军八一电影制片厂摄制，白大钧、张长瑞等主演的电影《地雷战》上映。在这部电影中，胶东抗日根据地的民兵依靠土制地雷，将进村“扫荡”的日军炸得落荒而逃。这部电影艺术化地反映了中国共产党领导下的抗日根据地抗击日本侵略者的智慧与勇气。电影从上映开始就大受好评，陪伴了几代人的记忆。真实的地雷战虽然与电影有一些区别，但是其反映出来的中国人民的智慧，以及抗战的勇气却是一脉相承的。

推广地雷战

地雷战这一战术方法在胶东战场上发挥了巨大的作用。据介绍地雷战战术形成并汇集成册的《地雷课本》介绍，地雷战这一战术最早出现于太南地区。真正将地雷战战术发挥到极致的是山东海阳的民兵。针对敌人不断变化的起雷、避雷方法，他们发明了十几种地雷。而电影《地雷战》中高家庄的原型则是今河北省保定市的冉庄。

在战争军事物资缺乏时期，地雷能大量投入战场，离不开王耀南的推广与改进。

王耀南是我国工兵事业的奠基人之一。1927 年 9 月，他和几十名矿工组成工农革命军第一军第一师第二团爆破队，参加了秋收起义，跟随毛泽东上了井冈山。在中央苏区，他参与创建了红军工兵部队，被毛泽东誉为“工兵专家”。

电影《地雷战》海报

1941年5月，他奉彭德怀总司令的命令，带队下到太行军区和冀鲁豫军区及各分区去推广地雷战。为了让部队和民兵明白如何设置地雷，也就是将雷埋在哪儿的问题，王耀南带着几个工兵干部在院落里埋好雷，扮演成日本士兵进院“扫荡”，并用炭粉代替石灰，防止石灰飞起烧伤人眼。他边表演边向干部群众讲解在什么地方埋雷好，“比如鬼子进院子要喝水，在井旁边埋上雷就能炸死鬼子”。

为了吸引更多的群众观看，王耀南一行人还学着唱戏，将埋雷示范搬到了戏台子上。每炸死一个“日本兵”，全场都会掌声雷动。群众兴致盎然，演出结束后还常常不愿离开。于是又加演了几场。

王耀南告诉群众说：“我们用的是假地雷，主要用来教学。大家回去可不能用真地雷这么干，这可要伤着自己人。”因为看了三四遍在院落里埋地雷，所以群众一听就明白了，但不愿意走，王耀南只能说“地雷没有了”让群众离开。他们用这种示范方法，让很多八路军指战员和民兵掌握了地雷战的战术、技术及地雷的应用。

军工厂发下来的地雷数量远远不能满足抗日战争需要，王耀南就鼓励大家自己动手造地雷。各县政府支持王耀南等人的工作，让鞭炮作坊以上交几千个发火器代替需上交的税费和公粮，并且解决鞭炮厂的经费问题以大批量提供炸药。作坊主们知道这些发火器是用来打仗的，每次都会保质、保量、守时生产出发火装置。拉火炮和发火装置虽然原理相似，但内部结构有很多区别。王耀南就让工兵干部们和做鞭炮的师傅们共同研究怎么能将发火装置做得更好。

当时最大的难题是地雷壳子生铁原料来源缺乏。王耀南就动员军队和民兵使用代用器材造雷壳，比如油桶、茶壶等。有干部提意见说老百姓的坛坛罐罐虽然不值钱，但“破家值万贯”，不能让老百姓用锅碗来做地雷。王耀南听取了干部的意见，他和几个冀鲁豫军区干部反复试验，研究出用石头造雷壳的方法。

之前一个地雷比三枚手榴弹还贵，而改良了制作方法之后制造的土地雷，成本和造一粒子弹差不多。大大减少的成本使地雷推广应用成为可能，这也是最后地雷能在胶东战场发挥巨大效用的先决条件。

地雷战让日军丧胆

地雷战因为战果分散，每一次给敌人造成的杀伤有限，在日军的战史中并没有被大量记载。但我们仍可从侵华日军的回忆录中寻找到地雷战的身影。

在原日军独混第五旅团第十二独立警备队卫生曹长桑岛节郎的回忆录《华北战记》中提到了几次与地雷打交道的经历，他曾侥幸逃过被地雷炸死的命运。

地雷战初期，民兵和八路军部队主要使用的是绊雷和踏雷。埋雷的过程要特别谨慎小心：先挖开一个一尺见方的洞，里面横上一根木棍，再在上面放一块木板；木板的一边钉着一颗小钉子，钉子上拴着一根引线，引线的另一端连着一颗地雷；地雷被放在紧接着的一个圆坑里，把引线绷直了，轻轻地在上面撒上土。为防止敌人发觉，他们埋雷时还会轻轻地印上人畜的脚印或放上几块牛羊粪。

日军行进时走的都是平时老百姓走的路。为防止地雷炸到自己人，部队有时会派专人把守，见到百姓来了，就让他们绕道走，后来又提出“不见鬼子不挂弦”的原则。

日军吃过几次亏后，就派工兵在队伍最前方进行扫雷，或者抓来当地的老百姓在前面开路。这时简单的踏雷就不能用了，但群众的智慧是无穷的，在与日军的斗争中，我方军民用烂铁片、茶壶干扰日军工兵的扫雷活动，还发明了真假雷、硫酸雷等。这些雷让日军防不胜防。

最让日军感到恐惧的还是拉发雷。抗战老人单景祥回忆道：“日本人怕了我们的青纱帐，怕了我们的拉雷，说我们的地雷长眼睛，有鬼附在上面。”“眼睛”就是埋伏在附近的游击队员们。看到日军队伍行进到地雷区，游击队员们等待作为挡箭牌的老百姓走过之后，就拉响了地雷，炸得日军措手不及，人仰马翻。“我的手紧紧拽住拉线，可千万不敢大意，一会儿手心就渗出汗来。队伍过来了，打头的是老百姓，让他们过去；紧接着是警卫队（即伪军），还是不拉，他们虽然是帮日本人害中国人，但还是我们中国人，大多数都认识；直到最后日本鬼子的队伍过来了，我们才拉线。”单景祥老人回忆道。

日军常在夜间突然出城“扫荡”，视线受阻，身体疲惫，八路军就利用敌人精神松懈的绝好时机，埋好地雷，一声巨响过后，就听到日军惨叫。

日军以大队规模进行“扫荡”时，多名骑马的军官会聚集在一起，这也是攻击的绝好目标。八路军放过在前行走的部队，目标直指军官，破坏日军作战指挥系统。还有一种攻击行军大队的地雷叫“连环雷”。这种雷用一根铁丝将几个地雷串联起来，敌人一旦踩响一个就会带响一串。

据单景祥老人回忆，当时日军面对冀中平原敌后武工队对碉堡的偷袭只是放了一夜机枪，不敢出来，因为碉堡不远处到处都埋着地雷。

地雷战中不能被遗忘的人

《地雷战》电影中的民兵队长赵虎和雷连长等人总能有各种点子，发明了十余种土地雷。土地雷确实大大减轻了军区发放武器的压力，一定程度上打击了敌人，但是在投入使用中有时会出现各种问题。

在观看影片时，中央军委副主席徐向前指出了该片的不足：“你这个工兵专家

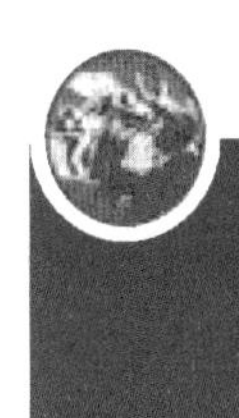

的作用起到哪里去了？几个老百姓怎么能搞出地雷战呢？”当时中国华北地区的农民连字都不认识几个，造出如此精妙的地雷的可能性确实不大，甚至在八路军中也极其缺少地雷制造的专业人员。其实，在华北地区的地雷战中，有着一批科学技术人员，他们为抗战付出了极大的心血，甚至是生命。

熊大缜是中国物理学事业的铺路人叶企孙的得意门生。1938 年春，抗日战争正处于艰难时期，八路军急需枪支弹药。熊大缜得知八路军准备开展地雷战并且需要科技人员协助后，放弃了去德国深造的机会，推迟婚期来到冀中抗日。

来到冀中军区根据地之后，他被任命为冀中军区供给部部长，开展烈性炸药、地雷、雷管和无线电研制工作，并通过各种渠道弄到大批制造炸药所需的化学原料、铜壳、铂丝、控制电雷管的电动起爆器，以及无线电器材。还请到不少技术人员在天津英租界清华同学会内装配无线电台。

在熊大缜、汪德熙等人的领导下，冀中根据地的炸药厂不断壮大，成为一座拥有两千多名工人，能制造大批量地雷、手榴弹、复装子弹，并能修理各种枪械的大型兵工厂。

为了解决翻晒氯酸钾自爆的问题，熊大缜潜回天津请教老师叶企孙。叶企孙老先生不仅派阎裕昌（化名门本忠）前往冀中解决了问题，还派学生突破日军封锁线运来电表、白金丝等必要物资，并设法筹集款项购买急需的军用物资运往冀中。

熊大缜等人还多次冒着生命危险装扮成传教士穿越日军封锁线，进入北平、天津为冀中军区购买雷管、无线电元器件等紧缺军用物资。

一些为敌后抗日战场作出了巨大贡献的科技人员也英勇牺牲了。门本忠患有严重的肺结核，为了将拿锄头的庄稼汉教成会造雷玩雷的高手，他穿着农民的褂子，包着白头巾，一个村一个村地走。1942 年 5 月 8 日，河北省安平县武莫村突然被日军包围，为保护无辜群众，门本忠勇敢地站了出来。日军用铁丝穿过他的锁骨，将他拖到大街上。门本忠高喊口号，痛骂不绝，最后被日军残忍地处死，时年四十六岁。门本忠为抗日战争胜利流尽了最后一滴血。

（本文选自《南方日报》，有删节）

抗战亲历者讲述红色记忆：莱州单山兵工厂冶铁造弹药

文 / 卢　璐

八十七岁的张素周曾是莱州单山村抗战时期妇救会会长、武工队队员，她在中华人民共和国成立前就加入了中国共产党。但从她瘦弱的身躯里一点都看不出这是一位曾与敌人进行过顽强的斗争，经历过枪林弹雨的抗战女英雄。近日，她向我们讲述了那段战火纷飞的岁月中单山村的红色兵工厂。

单山周边的平里店、朱桥等地都有日军安插的据点，时常到单山抓老百姓做苦工填战壕，村民苦不堪言。八路军独立营时常在单山一带活动，急需弹药补给，于是在单山建立了兵工厂。张素周回忆说，当时单山有两个兵工厂：一个在“北大屋”（因在村北、房屋高大而得名），主要负责冶铁，制造子弹、炮弹、地雷、手榴弹等，也曾制造过枪炮；另一个在村西南头，主要负责皮具加工，制造枪套、背包、子弹带等物资。兵工厂的具体运行由村内三十多名思想绝对忠诚的党员和百姓负责，保密工作十分到位。作为妇救会的会长，张素周全程参与了兵工厂的筹备、生产、保卫工作。“当时我的母亲曾劝我，女孩子家舞刀弄枪的太危险了。可是当时我就豁出去了，一定要往前闯，跟敌人斗生死。”说起当时的情形，张素周老人激动了起来。1944 年，抗日战争进入了白热化的阶段，日军疯狂地“扫荡”。每天到了五更天三山岛海边就有汽船靠岸巡逻，船上的机枪疯狂扫射，空中还有日军的飞机不停低空盘旋俯冲。十六岁的张素周潜伏在单山上，观望着日军的一举一动。“小鬼子下了船有时候会到单山上观察形势，一看他们往单山这边来了，我就告诉同伴回村通知兵工厂注意隐蔽，然后在上山的路上埋地雷。”从张素周老人的声音中我们能感受到当时紧张的气氛，“埋完地雷不能走，你得在稍微远一点的地方看守着，不能让战友，尤其是老百姓误踩。”单山

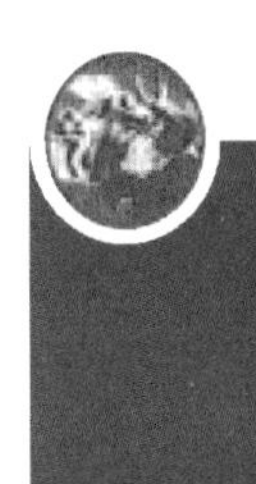

兵工厂在抗战时期为八路军提供了大量战略物资，有力地支持了抗战。

赶走了日军，国内又陷入了全面内战阶段。1948 年，国民党“五天一扫荡”，兵工厂的处境骤然恶化了起来。在这种不利局势下，兵工厂被迫转移。张素周组织民兵把村内军属、支前家属以及兵工厂的大量物资护送至驿道镇。那段日子里，每天傍晚，张素周同村内的其他民兵一起，挎上步枪、带上干粮、揣着四枚手榴弹趁着夜色踏上了护送的征途。六十多里地摸黑走了一夜，到了驿道镇后张素周连口饭都来不及吃，立即带领民兵往回赶。因为她担心着村里的安全，民兵离开的时候万一有敌人来“扫荡”可就糟了。在张素周和其他民兵的悉心保护下，单山兵工厂顺利完成了转移，为解放战争保存了实力，在一定程度上推动了胶东解放战争的进程。

（本文发表于 2015 年 6 月 9 日，选自齐鲁网）

磁县“山尖”深藏抗战兵工厂

文/邢　云

在太行山深处，提及八路军一二九师兵工厂，很多人首先想起的是“涉县西达兵工厂”，即为外界所知的“晋冀鲁豫军区西达兵工厂”。笔者近日采访获悉，其实，在磁县陶泉乡花驼村也有兵工厂遗存，且建立时间在西达之前。因其静默多年，渐被外界遗忘，很多遗存亟待整修。

“山尖”藏着一个小山村

2012年3月29日，笔者从邯郸启程花了三个多小时，才辗转来到花驼村，并一路步行登山。该村属磁县最偏远的贫困山村。如今，村里仅住一百七十多人，实际在家人口不足一百人，且多是六十岁以上、年老体弱多病的老人。村民们生活在海拔七百米左右，外号叫“山尖”的高山上。这里山高路陡，信息闭塞。村支书郭志银称，这里是磁县海拔最高、居住人口最少、老龄化最严重、经济条件最差的一个小山村。

时光回溯到抗日战争时期。据了解，1937年，抗日组织来到地势险要的花驼村，发展党员的同时，秘密建立兵工厂。村里老人介绍，兵工厂生产手枪、步枪、子弹、手榴弹、地雷等军火武器，还有军衣、军鞋等后勤物资。

据老人们回忆，参加兵工厂建设的主要领导有刘少奇、刘伯承、邓小平、田裕民、宗具臣等人，兵工厂负责人为郭志安（林县人），工程师姓邢。当时厂内约有工人两百人，工厂车间占用民房两百余间，占到当时民房总数的十分之九。

兵工厂迁徙涉县西达

“兵工厂设备由刘少奇从河南安阳六和沟煤矿运来。后因战争形势需要，1943年底，兵工厂迁到涉县西达。”郭志银说。为了支持兵工厂生产建设，百姓们都主动到野外的石庵子里和山洞里居住，过着非常艰苦的生活。

村里有牲口的农户经常参加兵工厂的内运和外运工作，和部队建立了浓厚的

西达兵工厂遗址

鱼水之情。兵工厂没有吃的水和用的水，就由花驼村村民组织的马帮到二十里以外的地方去驮水。花驼村村民的水果收入全部支援了兵工厂的建设。为造枪托村里的核桃树几乎被伐光。为了兵工厂的生存建设，花驼村人民投入了很大的人力、物力和财力。

据老人们回忆，为了兵工厂的安全，村里老党员与日军斗智斗勇，兵工厂在花驼村七年多时间里，始终没遭到敌人的破坏。据有关历史资料，抗日战争期间，刘伯承、邓小平率一二九师挺进太行山，磁县西部山区陶泉乡花驼村曾经是敌后根据地，那里有八路军的兵工厂遗址。“但是，有关花驼村兵工厂遗址的资料，多年来没有系统性地统计整理，也没有‘名分’。特别是当年生产征用的民房，不少都已人去屋空，亟待整修。”郭志银说。春节前，他还在一间石头屋下面挖出三枚手榴弹。

村民建议整修发展旅游

笔者在花驼村里注意到，该村还有当年警戒守卫的数座两层“炮楼”，楼上四面有枪眼，楼下尚存可躲避的地道。用于生产武器的多是石头砌成的民房、庙宇。如今，很多民房都归于个人，但多无人居住，因年久失修，甚至坍塌。

村民们建议有关方面或可做个规划，发展红色旅游，建成一个爱国主义教育基地。如此，既保护了抗日遗存又教育了后代，还能给红色旅游增添一道风景。

（本文发表于2012年3月30日，选自《燕赵都市报》）

九十一岁老革命忆八路军兵工厂：加工废弹壳造新子弹

文 / 闫盛霆　陶安黎　曹永福

起源于1938年3月的山东机器厂，1949年1月正式建厂。由抗战及解放战争时期分散于鲁中、鲁南、滨海、渤海、胶东等我军的各修械厂、所合编而成，是我军华东地区的第一个兵工厂。几代兵工人用他们的勤奋与才智、忠诚和奉献，使企业实现了从军械修理到常规武器生产，从单一军品到军民品结合，再到高科技武器研制的跨越。

山东机器厂兵器生产老厂房

九十一岁老革命，见证兵工印记

此刻，穿行在山东特种工业集团老厂区，斑驳的厂房、耸立的瞭望塔、幽深的防空洞……都在默默地告诉我们，在艰难岁月里，兵工人靠着坚韧不拔的毅力、锲而不舍的精神，创造了一个又一个奇迹。

杜文明是山东机器厂的“老兵工”，出生于文登，今年已经九十一岁高龄了。谈及当年的经历，老人打开了话匣子。

1942年，年仅十八岁的杜文明怀着一腔热血和对日本侵略者的仇恨，投身到敌后的八路军兵工厂。他聪明伶俐，吃苦耐劳，很快当了班长。有了重要任务，厂长就会找到他，让他带头干。那时兵工厂的条件极其艰苦，缺原料、少劳力、无技术，制造子弹、手榴弹、地雷用的都是最原始的技术。他们把捡来的废弹壳

“老兵工”杜文明感慨话当年

经过手工加工，重新装药、装配底火并加上弹头，造出新的子弹，也就是所谓的“复装子弹”。虽说这样的子弹质量相对较差，但照样能够消灭敌人。

如今，七十多年过去了，杜文明老人对当年的情形仍记忆犹新。他回忆说，危险性最大的是造手榴弹。填充火药、装配雷管、加上拉绳，全是手工作业，尤其是雷管的装配，需要压紧按实，稍不留神，就会引起爆炸。但那个时候他们早把生死置之度外，脑子里装的全是任务，不讲任何条件。有的工友在操作中不慎被炸伤甚至牺牲，其他工友立马接上继续干。来了紧急任务，常常一干就是几天几夜，连饭都忘了吃。“大家只要一想到能为前方战士输送弹药打鬼子，能为赢得战斗胜利增添一分保障，再苦再累也心甘情愿。抗日战争以来山东地区发生的历次战役，用的武器和弹药大部分是我们制造的。”老人充满自豪地说。

曾有军事专家做过统计，以1940年为例，敌我双方的武器弹药配备是这样的：八路军总兵力约四十万，有步枪九万支，另有手枪近五千支、轻机枪六百八十挺、重机枪一百九十五挺、掷弹筒一百零八架、迫击炮一百五十六门、其他各种炮四十七门。但步枪子弹平均每枪不足二十发，手枪子弹平均每枪二十三发，轻机枪子弹平均每枪三十发，掷弹筒和迫击炮平均都只有三发炮弹。而这时日本华北方面军人数比八路军少将近四万人，但步枪超过八路军两万余支，轻机枪约为八路军的八倍，重机枪约为八路军的七倍，掷弹筒为八路军的六十七倍，迫击炮为八路军的二十三倍，且弹药充足，还有大批坦克、飞机等重型装备。

说起当年牺牲的工友，杜文明老人不由老泪纵横。他一再慨叹：“不容易，太不容易了！那时拼的就是一股无私无畏的信念，一种豁出去的决心。”老人的话，让我们的脑海中又一次浮现出刚刚看到的兵工厂旧址的一草一木、一砖一瓦，更感受到建立中国现代兵器文化创意园是一件有历史责任感的事业。

忆抗战，铸就兵工奇迹

二十世纪五十年代末，一部长篇小说《苦菜花》深入人心，作家冯德英也成为那个时代的代表人物。然而读者却鲜少知道，书中描写的随军兵工厂中的英雄人物纪铁工，就是胶东抗日烽火中人民兵工的真实艺术再现。

1937年10月，日军铁蹄踏入齐鲁大地。一年间，济南、青岛等大城市和绝大部分县城，津浦、胶济铁路和主要公路干线先后被日军占领。中共山东省委根据中央和北方局的指示精神，制定了分区发动武装抗日的计划。至1938年底，山东抗日游击队发展到约四万人，12月建立了八路军山东纵队。为满足战争武器弹药需要，山东各界积极响应省委“有人出人，有物出物，有枪出枪，团结抗日”的号召，一批不愿当亡国奴的手艺匠人——打铁的、修锅的、修车的、做鞭炮的……纷纷带着自己的工具——虎钳、锉刀、红炉、铁锤、风箱等，加入人民军队随军修械。1938年3月，被誉为“一担挑”的随军修械所诞生了，并孕育了山东人民兵工这支步行铁军。随着抗日战争的不断扩大，山东人民兵工不断发展壮大。从制造黑火药、手榴弹、地雷、复装子弹，以及维修各类枪支、钢炮等简单产品开始，到造出高级发射药、火炸药、大口径迫击炮及炮弹、捷克式轻机枪等，生产的武器弹药源源不断地供给山东以及华东作战的人民军队，为抗日战争提供了有力的后勤保障。

1949年，随着山东地区的全面解放，集中优势力量发展兵器事业、支援全国解放，成为重要任务。1月28日，华东财政经济办事处工矿部第一军工局将所属鲁中二厂、鲁中三厂、滨海五厂、滨海八厂、鲁南十厂、鲁中六厂、鲁南九厂的主要部分，迁至现博山区五阳山下东石马村，合编组建八二迫击炮弹厂，标志着山东人民兵工厂正式诞生。1950年1月11日，山东省人民政府工矿部决定将八二迫击炮弹厂改为“山东省人民政府工矿部兵工局第一兵工厂”。1951年7月26日，中央人民政府重工业部将厂名定为“中央兵工总局山东兵工总厂”，为之后历次国际争端提供了大量的武器装备，一时大显神威，战果辉煌。

（本文发表于2015年6月26日，选自《齐鲁晚报》）

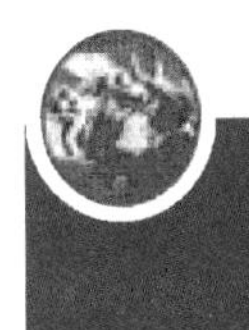

上党兵工变迁：工业起始于八路军的军工部

文 / 任玉堂

上党历史悠久，已有三千多年历史。其地理位置险要，地高势险，自古为兵家必争之地，曾有“得上党而望中原”之说。但直至抗日战争之前，上党地区基本上没有什么像样的工业。

上党兵工经历了一个从无到有、从小到大、先修后造、由仿到创、由简单到复杂的过程。它是抗日根据地工业发展的重要组成部分。上党地区的兵工业起始于八路军的军工部，由八路军的师属修械班、组扩展为修械所。1938 年，一二九师挺进太行山后，曾建立起五个流动修械所，八路军总部在襄垣、决死纵队在沁源也各有一个修械所，但当时都只是能修配一些损坏的枪支和生产红缨枪、大刀片等简单的武器。

1939 年，八路军在黎城县和武乡县都有了自己的军工部门和铁厂。同年，又将榆社韩庄的铁厂迁到黎城县黄崖洞进行扩建，经过半年多的边生产、边建设，逐步发展成有近七百人的兵工厂，取名“军工部一所”，也称“黄崖洞兵工厂”。八路军在太行、太岳的兵工厂还有平顺县西安里的军工部二所、辽县的军工部三所、武安县的军工部四所。到 1941 年，军工部各厂职工总数已达到三千三百多人，其中有留学国外的技术专家，有来自军队的领导干部，有归国华侨和大批知识青年，还有来自敌占区大城市的技术工人；也拥有了相当于一百二十马力的蒸汽动力设备和简易机床。

从 1940 年 10 月开始，日军先后多次调兵强攻、偷袭、围困黄崖洞兵工厂。1941 年 11 月，五千多名装备精良、气势汹汹的日本士兵，兵分多路强攻黄崖洞。我八路军总部特务团以不足一千人的兵力，英勇抗击，经过八个昼夜的激战，歼敌一千余人，以敌我伤亡 6 ∶ 1 的辉煌战绩，开创了中日战况上敌我伤亡对比空前未有之纪录，取得了震惊中外的黄崖洞保卫战的重大胜利。

1942 年，根据当时的军事形势，为防止敌人对解放区兵工厂进行毁坏性打击，首先就是要避其锋芒。军工生产厂不应大规模、过度集中，还要防避空袭，也要考虑到原料供给等问题。为此，兵工厂开始化整为零，将大的兵工厂缩小规模，组成单一的产品专业厂，分散转移到比较偏远的山庄。兵工厂这样巧妙地分散布局后原来较大的工厂不见了，代之而起的是在山沟里星星点点的小工厂，目标不大，不易被敌人发现。1944 年是抗日战争的第十三个年头，此时的日军成了“秋后的蚂蚱”，已无力再发动大规模的“扫荡”。军工部就再次及时调整了兵工厂布局，将厂址、人员、产品、设备等统一调配，分设为九厂一所。

中国人民经过十四年的浴血奋战，1945 年 8 月 15 日，日本宣布无条件投降，抗日战争终于取得了最后的胜利。八路军从日伪手中接收了长治发电厂和石圪节煤矿，并将隐蔽在偏僻山沟里的兵工厂逐步迁出、整合，分布在以长治为中心的上党地区。

上党兵工，长期处在战争和山区环境中，居住条件、厂房、设备等不仅简陋，还常常动荡不安，工作、生产和生活条件十分艰苦。但广大兵工干部、职工，顽强地克服了重重困难，艰苦奋斗，为我军生产了大量的弹药和武器，修理了大批军械装备。上党兵工也和全国一样，经历了长期艰苦的战斗岁月及和平时期，逐渐发展壮大，成为具有相当规模和技术水平的工业体系。其不仅为长治市的工业发展打下了坚实的基础，更为中华民族的解放、为中国革命的胜利、为中国的国防建设，作出了巨大的贡献。

（本文选自《山西日报》，原标题为“上党‘老兵工厂’变迁：工业起始于八路军的军工部”）

鱼子山：打不垮的兵工厂

文/高 健 张一阳

平谷城区东北二十里，群山绵延，万里长城蜿蜒而过，曲折狭长的山谷中，坐落着一个山村——鱼子山。这里是冀东抗日根据地十八个区的兵工厂，装配的地雷、手榴弹源源不断地运往前线。日军曾数十次疯狂“围剿”鱼子山，残杀村民一百八十余人，将两千多间房屋烧成一片瓦砾。然而鱼子山的军民没有屈服，他们顽强地与敌人斗争，保住了根据地和兵工厂，被誉为“打不垮的鱼子山”。

2015 年 8 月 20 日，笔者来到平谷，探访这处曾经摧不垮、打不烂的抗日根据地。

如今的鱼子山村周围已成为京东大峡谷景区。驱车进村，道路两侧林木茂密，大棚设施和农家乐不时映入眼帘。在村干部的引领下，笔者找到了当年战争的亲历者——八十三岁的老人马有志。

1938 年，八路军第四纵队挺进冀东，抗日暴动受挫后西撤。留下的陈群的一支队、包森的二支队、单（德贵）赵（立业）的三支队，以鱼子山为中心，坚持游击战争。

那一年，马有志七岁，他清楚地记得第一次经历八路军和日本人交火的情景。“当时我在村西的小学念书，上着课就听见东边的山上打起来了，老师让我们全趴在窗台下面。打那以后，日军就三天两头进村。”

鱼子山村三面环山，林木茂密，便于隐蔽。1939 年，八路军在村里建起兵工厂，修理枪支。后来，八路军十三团又建起了供给处，在村北的深沟和崖洞中生产武器、弹药、装备，供给前线。

这块八路军的根据地早已被日军视为眼中钉，兵工厂更让敌人坐立不安。为了拔掉这颗眼中钉，1940 年春，日军把鱼子山划为“无人区”，开始频繁进村“扫荡”。

“那时我们有俩任务，一是放哨，二是运输。”马有志带着笔者来到家门口的后山，放眼望去，村子从东到北再到西，山一座连着一座。马有志指着东边的山头说：“我当年就在那儿放哨，一个山头一个岗。山东庄等都有日本鬼子的据点，鬼子一过吊桥，打山头上就能看见。”

日军一进村就烧杀抢掠，村民们只有往山上跑。“可也有跑不掉的时候。”马有志说，“有一回，让他们夜里给摸进来了，等听到动静，四周高处都已经架起了机枪，光村北边一片就死了十八口人。”马有志沉默了片刻，吐出三个字，“太惨了。”

日军对根据地实行“三光”政策，兵工厂面临严峻考验，原料奇缺。“日本鬼子还挖了十米宽，好几人深的壕沟，把鱼子山围死，切断了和外界的联系。”马有志说。

面对日军的屠刀和暴行，根据地军民没有被吓倒，依然与日军周旋，坚持生产、转运各种军需物资。村里成立了个十来人的伐树队，到山上去伐橡子树，拉回来烧炭、化铁。大家还收集破铁锅、破犁铧、断锄、秃镐、庙里的铁钟。民兵们经常寻机摸至顺义、平谷等地，拆敌人的铁桥、铁门，弄回生铁，补充材料的不足。

兵工厂的前身是枪支修械所，仅有十几名工人，都是走街串巷的小炉匠。也没有什么设备，制造的第一枚手榴弹，是用玻璃瓶装碎铁渣、铁片和自制的黑火药，没有雷管，扔出去后，只炸开三四瓣，引得日军狂笑不止。后来，经过一次次试验，逐渐提高了弹药质量。

1943 年，兵工厂集中技术力量，成立化工排。分区司令部从其他部队专门抽调几名专业大学生，以及地下党组织在北平日军兵工厂秘密吸收的十八名志愿参加八路军的技工，悄悄护送到鱼子山，充实技术力量。

此时，整个兵工厂已经形成了生产雷管、炸药，铸造手榴弹、炮弹，制造枪身，安装手榴弹把，打包装箱的流水作业线；由 1942 年七人半个月装制三千枚手榴弹，发展到每天生产五千枚手榴弹。

沿着一条石板小路向上，在依山而建的鱼子山抗日战争纪念馆里，笔者见到了当年鱼子山兵工厂生产的各种武器：土豆大的手雷、形似乌龟的王八雷、枕头大的地雷，还有马有志口中的“驮笼”——一根弯弯的木棍，两头挑着一人环抱口径的藤编筐。“运手榴弹时就用这个从山洞往下背，我一趟能背二十个。”

马有志说，当时鱼子山是武器生产重地，把守严密，生人不让入内，运来的物资放在山口，由本村老乡肩扛、驴驮送到各处。村里十几岁的孩子至六七十岁的老人，都自愿帮兵工厂干活。群众视军用物资为生命，他们说：“人不死，东西在；人死，东西不丢。”很多人为保护军用物资受尽折磨，甚至献出生命。

“铁北寨，铜南山，打不垮的鱼子山。”这是村里人都知道的老话。靠着鱼子山军民的坚韧，纵使日军百般“围剿”、破坏，兵工厂从未被摧毁，直至 1945 年 8 月 15 日，鱼子山抗日根据地军民终于迎来了抗战的胜利。

如今，兵工厂所在的大山已经被茂密的草木覆盖，烧毁的山村也已换了新貌。马有志前几年喜欢带人到山上去看看当年兵工厂的山洞。如今，年岁渐高的他已经不能上山，但是还会在自家开的农家院里，给往来的游客讲述“打不垮的鱼子山”的抗战故事。

手榴弹、地雷仓库今还在

出了鱼子山村往西走，就是桃棚村。1940 年 9 月，八路军在桃棚村的一个红崖洞里建立了平谷第一个党支部，后又将联合县政府迁移至此，建立了平（谷）密（云）兴（隆）联合县，与鱼子山村南北呼应，成为冀东西部抗日根据地的中心区。

村民告诉笔者，抗战时期，八路军部队驻扎在桃棚，兵工厂的库房也在这里。“当时家家都住着八路军，在鱼子山烧铸好的手榴弹壳，到这儿组装。我们村有个老院子，过去就是八路军存手榴弹、地雷的仓库。”

从村口“冀东抗战根据地旧址”的石碑往里走，没几步路就到了八十三岁的老人王桂珍的家。夏日的小院儿里，柿子树、李子树枝叶茂盛，快熟的梨挂满枝头，地上的大葱水灵灵的。

老人听见动静，从北边的砖房里拄着拐杖走出来，指着院子东南角上一座石头垒墙、顶盖瓦片的棚子说：“这儿就是八路军的手榴弹库。”棚子前几年塌了一半，老人舍不得拆，找人把剩下一半的房顶加几片瓦修了修，保存了下来。

坐在棚子边的青石板上，笔者听王桂珍回忆起当年八路军在村里组装手榴弹的故事。因为离村口和组装弹药的地方近，方便运输，王桂珍家成了八路军的弹药库。

“那时候我才十多岁，八路

战士们在组装手榴弹

军就在我们家南边的大桑树下组装手榴弹、地雷。我经常跑过去看。”对当年八路军生产弹药的场景，王桂珍还历历在目，“树下面搭个棚子，十几个人从天不亮就开始做胆、装信子，一直干到天黑。有时候要得急，夜里也做，点个汽灯，一照一大片都亮着。”

王桂珍依然可以说得上来组装手榴弹的步骤。“先放药，往铸好的铁壳里装胆，手榴弹的胆有筷子头那么粗，地雷的比手指粗，”老人伸手比了比，“压实之后安把，放上信子，在一个大铁锅那么大的铸铁盔子里面拿铁架子压，再扣上盖子。”

“当时组装的弹药有多少种？”“嘿，那可多了。”王桂珍给笔者介绍开来，“有掌手雷，出手就响，专门对付离得近的鬼子，远的用手榴弹。还有地雷，大的有酒坛子那么大，光皮就五十多斤。小的拍火地雷跟洋碗差不多，拉线响……”

大桑树下组装好的弹药，都存在王桂珍家的院子里。“人都住西屋，东边南北两处房子存手榴弹。两三天就往外发一趟。”王桂珍回忆，“哪个部队需要就来取，顺义、三河、密云、兴隆的都有，一次来十头八头驴，往外驮。”

那时根据地经常遭日军“扫荡”，村民们就把住在家中的伤员往山上背。日军烧毁的房屋，回来再拿秸秆撮点土补盖起来。为了藏好军用物资，家家都挖了地窖。王桂珍家院子里的大葱丛中，隐蔽处扣着一口大铁锅，“这儿就是地窖的入口，成捆的白布还有粮食都藏这里面，外面做上掩护，鬼子‘扫荡’时也找不见”。

村民王桂珍讲述藏弹药的故事

1946年县机关迁移出桃棚村，联合县在村里建立了兵工厂、卫生所、供给处、被服厂、印刷厂、军械修理所……王桂珍家作为印刷厂，印制粮票和文件。如今，老院里只剩下他一人居住，院南的石头窝棚，仿佛还在述说着当年抗战的故事。

（本文发表于2015年8月21日，选自《北京日报》）

新四军兵工厂藏身敌据点

文/周　晗

管美英是我党我军早期培养的军工器材专家，曾任山东野战军兵工局厂务室主任。1951年10月，奉命到西南军区兵工局整顿兵工厂。管美英离休后学习书画，数幅作品为抗日战争纪念馆收藏。

管美英

“我原名叫管泳春，参加革命后部队首长给我改名为管美英。有一次我代表国家农业机械部参加中央会议，毛主席接见我时幽默地说：‘你管美英管两个国家（美国、英国），我只管一个中国。’其实，抗战时期我管的是战士们的吃、穿、用。我们将兵工厂藏身在伪修械所，生产的弹药装备在抗日战争最后一役——高邮战役中发挥了重要作用。”在北京某小区，管美英老人听说笔者来访，特意走到小区门外迎接。

管美英，1925年1月出生在江苏阜宁一个贫农家庭，1939年参加革命，先后参加过抗日战争、解放战争和抗美援朝战争。采访中，这位身材精瘦挺拔、戴着深度眼镜、操一口阜宁腔的老人，向笔者讲述了他的抗战故事。

负重伤后转岗被服厂

“扬州是我战斗过的第二故乡。”1941年5月，新四军挺进纵队调管美英到江高独立团任作战参谋。他连续参加了智取江都永安镇和高邮张庄镇之战。当年7月的一天，敌人偷袭我军指挥部，管美英在与敌激战中身负重伤。

“当时我想坚持上前线，可是部队首长不同意，将我调到第六师师部任通信部部长。起初我想不通，后来首长叶飞亲自做我的思想工作：‘做好后勤工作，同样是为了杀鬼子。你的名字管美又管英，我看你就到后方去管战士们的吃、穿、用吧！’”1942 年 3 月，管美英奉命到十八旅被服总厂当厂长。“我们名义上是被服厂，实际上还能造铁家伙。”管美英老人说。

兵工厂设在敌控制区

1943 年初，日伪军出动大批人马，在江都地区进行“扫荡”。为避敌锐气、保存实力、机动灵活地打击敌人，我新四军第六师十八旅党委决定将军工科技术人员安排在被服厂生产枪支弹药。当时的扬州、泰州、高邮等地大部分还在敌人控制中，怎么解决原料来源问题？如何才能不暴露？管美英想到了一个办法：将兵工厂设在敌人控制区，最危险的地方最安全。

当时在苏北地区，除我军和日军、伪军、国民党军队外，还有一支地方实力派武装——以李明扬为总指挥、李长江为副总指挥的苏鲁皖游击纵队。后来，李长江率部公开投降了日本，出任所谓“中国和平军第一集团军总指挥”。他的副总指挥颜秀伍不光与仍留在抗日阵营中的李明扬关系密切，而且与我军也保持着联系。“我们就利用这层关系，以李明扬兵工厂的名义隐蔽到江都县（今扬州市江都区）塘头镇，一方面躲避敌人‘扫荡’，一方面生产我军反‘扫荡’急需的弹药，包括炮弹、地雷、炸药包，特别是手榴弹。”管美英老人说。

最危险的地方最安全

一天深夜，我十八旅一支四十余人的军工队伍，悄悄进入塘头镇，被安置在有伪军守卫的一间当铺里。兵工厂的生产工具有手摇两米车床、化铁炉、手拉大风箱，以及一些小型工具、器具；还有一些生铁、硝、硫等原材料，共装了六艘民船，从水路运到伪第五师修械所。

这支军工队伍由政委刘赤同志负责全面工作；管美英以伪副总指挥部副官的名义与伪师部保持联系；十八旅敌工科科长李民带领几个同志，穿上伪军制服驻扎在塘头镇内，随时搜集敌情，以确保我兵工厂人员和生产的安全。

“为了工作方便，我还通过关系，搞到了一张伪军总指挥部的特别通行证。”管美英老人说。

半个月研发新式武器

经过十天左右的筹备，设备安装就绪，我兵工厂就在伪修械所里开工了。伪师部的副官为了获取外快，卖力地帮我们四下采购焦炭、白泥、金属材料、工具等必需品。整个兵工厂在特殊环境中运转，在一个月内就为十八旅生产和运送了

四百枚手榴弹。

不久，旅部命令兵工厂研制一种小型快炸手榴弹，要求在扔出后五秒钟内爆炸。在接到任务后，技术人员不分昼夜地研制方案，对黑色炸药的压缩密度、手榴弹壳形、引火时间等，进行了反复的精确试验。半个月后，终于研制成功。这种手榴弹外形小、投掷远、爆炸快、弹片多、威力大，在伪修械所里共生产了六百多枚，然后利用特别通行证悄悄运到前线部队，被战士们誉为在敌人头顶上爆炸的“新式武器”。

为高邮战役提供弹药装备

“有一次，兵工厂从根据地运来三船豆饼准备换材料用。船经过伪第二十四师驻地，遭到武装税所枪击。负责押运的同志跳河跑回来，三条船都被武装税所扣押。我领着人乘小船直接去伪第二十四师武装税所要船，亮出特别通行证，还抽了伪武装税所所长几个耳光，连蒙带吓把船要了回来。”

日本宣告无条件投降后，兵工厂没必要再在伪军据点隐蔽了。旅部决定将兵工厂全体人员和设备撤出塘头镇。兵工厂在伪据点坚持生产，胜利完成上级交给的任务，去时六条船，回来七条船，毫发无损地带回了大批弹药装备。这批弹药装备在后来的高邮战役中，为新四军大兵团作战提供了重要支持。

（本文发表于 2015 年 7 月 13 日，选自《扬州日报》）

奇思妙想：电影胶片变发射药

口述／吴保真　文／曹福成　王绍州

李仲麟

利用废电影片制成炮弹发射药，这是我新四军兵工厂的“土特产”。

当年我军生产的六〇和八二迫击炮弹，黑火药发射药包缺点很多。如发射距离较近，命中率不高，特别是炮膛内残渣较多，发射几发后，弹体就不能进膛，影响继续发射。当时前线炮手编了一套顺口溜：“八二炮真奇妙，打不响往外倒，倒不好，连人带炮全报销。”

1943年秋天的一天，新四军军工处处长李仲麟拿了两个乒乓球来到装弹班，对班长吴祥真说：“前线炮兵对黑火药发射药包意见较多，打两三炮就要停下来擦炮管，贻误战机。”他指指手中的乒乓球道，“这玩意儿原料是硝化纤维，估计可以代替无烟药。你们做试验看看。”我们听后很受启发，你一言我一语地议论开了。有同志提出：“废电影片也属于硝化棉类，量多，价格也便宜，比乒乓球还好加工。”李处长在集中了大家的意见后，派他的警卫员到大王庄师部所在地取来了约半卷电影胶片。由于数量太少，李处长便又通过地下党的关系，将一批废电影胶片从敌占区搞了过来，然后设法穿过敌人封锁线，运到后方工厂。试制工作就这样开始了。

试制初期，在一无设备、二无原料、三无技术人员的困难条件下，我们用剪刀将废电影胶片剪成条、块，然后用火烧。燃速很慢，有时还点不着火，片子都烧得卷了起来，依然无法制成发射药。经大伙分析才弄清楚，电影胶片表面涂了一层胶和氧化银，这是燃烧速度慢甚至烧不着的主要原因。症结找到了。我们找

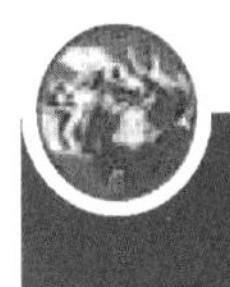

来一只大铁锅，架在土灶上，锅里放些石碱，将卷好的废电影胶片一煮，表面上的胶就全部变成了泡泡，接着再拿旧布擦，晒干后，便基本符合要求了。

脱去胶的影片要搞成粉末，又是第二个难题。我们请车工班替我们做了一台很像现今的轧面条机一样的设备，把煮好晒干的片子卷成长长的螺纹状，放在两个铁滚子中间，用人力摇动进行挤压。挤压时，由于温度不断提高，片子经常发生燃烧，于是我们将它放在水里泡一下，再上碾子挤压，连续挤压三四次，片子基本上就被挤压碎了。

没有任何烘干设备，我们就在晴天用太阳晒，阴天用土火炕烤。开始，由于温度掌握不好，辛辛苦苦挤压出的碎影片常被烧毁，看了真心疼。后来慢慢掌握了火候，烧毁的现象再也没有出现了。

经过反复试验，废电影胶片粉末发射药终于搞出来了。到 1947 年底，我华中地区生产的六〇和八二迫击炮弹，除了弹体尾管使用黑火药外，其发射药包多是废电影胶片制成的。前线的迫击炮手们使用后又编了一套顺口溜：“新式药包呱呱叫，连续发射效率高。不用擦，不用倒，炸得敌人乱糟糟。”

（本文选自《中国国防报》）

俺村老槐树下，曾经别有洞天

文 / 李旱花

说起青州市高柳镇东朱鹿村的老槐树，村民们无人不知。老槐树的具体年龄村民们已经无从知晓，但是每当看到那两棵老槐树，大家总是忍不住谈论起树后面的抗战时期的兵工厂。七十多年过去了，一座座明亮的住宅早已替代了那青砖老屋，两棵老槐树似乎成了那个年代最好的历史见证。

家家都会做鞭炮　兵工厂选址于此

2015 年 8 月 31 日下午，东朱鹿村刚刚下了大雨。村子中的古朴老屋，在雨中尽显沧桑之美。这些老屋多是抗日战争时期或是更早年代保存下来的革命遗址，在村里老人的心中，每一处都有着说不完的故事。

“抗战时期，我们村与日军朱良据点东西相望，仅隔 1.5 公里，东面、西面、南面均为敌占区。这里成为益北地区抗战的堡垒村和开展革命活动的中心，县大队就驻扎于此，当时一度有‘小苏维埃’的美誉。”村民陈春亮说起村里的往事如数家珍，他自二十世纪七十年代开始便不断搜集村子的历史故事。

抗战时期县大队工作处入口现如今已被堵上

走到村里两棵老槐树前，陈春亮停住了脚步。“这就是原来兵工厂的位置了。”陈春亮望着两棵大槐树说。1939 年 10 月，原益寿临广四边县委在这里建立了战时重地兵工厂。说起兵工厂的选址，陈春亮表示，当时不仅是因为这个村是革命活动的中心，和这个村世世代代有制作鞭炮的传统也有些关系。

兵工厂旧址前的老槐树

兵工厂分五个组　研制出五〇小炮

老槐树附近如今早已建上了红瓦白墙的新住宅，难觅往日厂房的踪影。陈春亮表示，当时兵工厂共五间屋子，从外面看就是普通住宅，但是屋子底下却别有洞天，手榴弹、地雷、子弹就在这里面被修理、制造。

“当时兵工厂分五个组，机修组专门修理枪支，翻砂组专门铸造手榴弹，木工组负责制作枪杆、手榴弹把手等，白铁组负责白铁等材料加工，后勤组则负责材料供应。”陈春亮说，抗战时期，我军使用的枪支弹药大都是从日军、汉奸手里夺来的，有些枪支经常需要修理。随着部队的壮大，需要修理的枪支越来越多，兵工厂便应运而生。

据青州市委党史研究室樊光湘介绍，从回收弹壳、化铁、配药到试验，当时东朱鹿村的兵工厂每天生产十多箱手榴弹和子弹，承担着当时寿光八支队、临淄十支队、益都六大队的军火弹药供应。

一切生产过程都是手工劳动，从最开始的五六个人三四天才能造一支枪，到后来一天便可以造一支枪，兵工厂的工人也是在摸索前进。“当时兵工厂的工作人员还要研制炸弹、地雷、导火索等武器。更令人想不到的是，在当时落后的技术条件下，他们还研制出了五〇小炮，发射试验非常成功。”陈春亮说，研制出来的五〇小炮在后来攻打臧台据点时起到了不小的作用。

十二名干部和群众　日军“扫荡”时牺牲

兵工厂的生产并不是一帆风顺的，1941 年 1 月 5 日，对东朱鹿村来说是黑色的一天。

1941 年 1 月 4 日，中共益寿县委在寿五区八户村开会，得到敌人要“扫荡”寿五区阳河一带根据地的情报。当天下午，县委、县政府机关的人员就开始疏散，各自找自己熟悉的地方隐蔽起来。当时，清东地委组织部部长李寿岭同志、县委宣传部部长张鲁泉等人正在益寿县视察工作，在县委秘书陈诚一的带领下，傍晚顺着阳河两岸，秘密潜入了东朱鹿村，在备有地窖的百姓家中，以及其他能藏身的地方住下。当晚，除了县委的八九个同志潜入该村外，还有区县各救会、六大队和区中队的部分同志，以及前几天刚刚搬来的秘密兵工厂的二十多个人也住在该村。

1月5日凌晨，徐振中汉奸队知道村里聚集了很多重要人物，便带着朱良据点的日本士兵共两百多人进了村。其中一位汉奸在一个村民家里找到了刘旭东、张鲁泉、李寿岭等人藏身的地窖，便不断往地窖里投手榴弹、打机枪，还用风车往地窖里吹烟雾。那一天，共有十二名干部和群众牺牲，轰动了整个清河军区。因为那天是农历腊月初八，故当地村民称之为“腊八惨案”。

当时的革命遗址　如今已所留不多

兵工厂负责前线士兵军火弹药的供应，一旦日军发现了兵工厂所在地，势必会将其炸毁。因此，掩护好兵工厂成了村里的重要任务。

1942年，随着日军“扫荡”不断推进，该兵工厂的隐藏工作变得越来越难。当年该兵工厂便与寿光牛头镇兵工厂合并，转移至寿光牛头镇进行生产。“1942年，日军频频‘扫荡’，烧杀抢掠无恶不作，不仅兵工厂撤离了，村民们也都躲在山沟里不敢回家住。”陈春亮说。

转眼间，七十多年过去，除了那两棵老槐树依旧耸立在那里，兵工厂处已经盖上了红瓦房，有的甚至盖起了二层楼，已经难觅那时的气息。“那时候我们村里还有印刷厂，也是重点保护对象。”陈春亮说。很多抗日的宣传材料就是从这个村里印刷发散出去的，这让当时的日本人非常抓狂。

“可惜了，除了县大队和县大队警卫员居住的地方还保留着，其他具有纪念意义的场所很难找到了。”陈春亮说着，带笔者来到了最初的县大队地址和县大队警卫员所住的地方。大门的入口处已经有些坍塌，县大队办公地点原本的入口处已经用墙堵起，只能远远望见翘起的青瓦飞檐。与之一巷之隔的便是当时县大队警卫员居住的二层楼，大门紧锁着，青色的砖墙已经有了裂纹，在杂草丛生中诉说着无尽的沧桑。

（本文发表于2015年9月2日，选自《潍坊晚报》）

揭开浙东游击纵队兵工厂的神秘面纱

文／罗湘波

上周，笔者在余姚新四军研究会会员顾振志、余鲍陈村村民汪小琴的带领下，辗转山路一个多小时，来到位于余姚陆埠镇虹赤岭山坳里的吉祥寺。

吉祥寺，原新四军浙东游击纵队修械所遗址。当年，修械所为浙东纵队修理、改造武器，并供给枪、炮和手榴弹等。

"'没有枪，没有炮，敌人给我们造。'这首《游击队之歌》唱出了当时我党军队武器的主要来源，但在四明山革命区，新四军浙东游击纵队修械所已能自制枪炮。"顾振志介绍道。

设备简陋，用雨伞钢丝来修枪

1940年，朱连根等三人组成的修械小组，带着一块铁板、一把虎钳、几把榔头和锉刀随部队从上海南下到三北，修枪配件。

竹林深处的吉祥寺（修械所遗址）

"在浙东纵队，当时的装备数量非常少，而且质量差。"顾振志说。部队里除了老套筒、汉阳造，很少有其他武器。新兵只能背大刀，有的甚至徒手和敌人搏斗，即便是主力部队，每人也只能配备十发子弹，导致战斗时不少战士都省着用子弹。

敌军修理、制造武器用的是机床机械，修械小组用的却是锉刀。能修的还好，有些要更换零件的才是最困难的。有这么一个故事：一批步枪的撞针断了，要寻找替代物。修械组的人看到雨伞的细钢丝，就把钢丝截断加工，装在撞针处焊好，就可以将就一阵子了。

1942 年初，修械组扩大到八人，改叫“修械所”。人手增加后，能修的武器尽量全部修理。但随着战事愈加紧张，枪支损坏越来越严重，缴来的武器也破损得越来越严重，武器告急。

不畏艰险，多名同志受伤牺牲

1943 年，修械所挺进四明山，这时已经开始试制手榴弹，改造迫击炮，成为名副其实的兵工厂。

当修械所为手榴弹、子弹的火药来源发愁时，姚北海边传来个好消息：发现了日军封锁杭州湾埋设的数个水雷，一个水雷里约有两三百斤炸药，一斤炸药能装七八个手榴弹。

在当地几十个百姓的帮助下，水雷被从姚北抬到修械所。水雷的雷管和炸药都在，一不小心就会爆炸。修械所的一些老师傅都没接触过水雷，甚至不知道它的构造，大家都不知道从哪里下手。

“当时是一个叫夏林生的年轻战士自告奋勇要求拆雷。”顾振志说，“真没法描述当时的紧张，但肯定比电影里的那种拆弹场景危险。”最终，水雷被成功拆开，炸药都倒了出来。

并不是每次制造武器都那么幸运，有记载，在陈天龙村装配手榴弹时，曾发生炸药爆炸事故，炸死、炸伤三位同志；在大庙外试验八二迫击炮弹时，发生膛炸，当场牺牲了五位同志。

水平提高，自制新武器歼敌千余人

修械所在四明山区期间，修造水平不断提高。1945 年，修造所开始自制六〇炮弹和枪榴弹。

“修械所制造的武器，不仅解决了主力部队的供给，甚至还给民兵和地下自卫队提供部分武器。”顾振志说。修械所很大程度上提高了浙东纵队的武装水平和战斗力。

1945 年春天，第五支队机炮中队新缴获一批八二迫击炮，应炮兵要求，将八二

修械所纪念碑

炮改为平曲两用的迫击炮，修械所在两周内完成改造任务。该迫击炮在后来的战斗中发挥了重要作用。

当时，浙东纵队用修械所制造的新武器，特别是迫击炮平射，把投敌的田岫山部队的碉堡一个个炸开，歼敌一千余人，十天消灭田岫山部队。

9 月底，兵工厂根据区党委指示开始北撤。修械所（原吉祥寺）被反动派烧毁，后来当地居民又在原址基础上重建吉祥寺。

（本文发表于 2011 年 4 月 20 日，选自《宁波晚报》）

造枪制炮送前线

——新四军第二师军工部部长吴师孟精打细算筹军需

文/凌　辉

吴师孟（1899年—1942年），原名吴初生，新四军第二师军工部部长。湖南平江龙门乡高连村上高坪人。1927年参加黄九区农民自卫队，同年加入中国共产党。曾任农民自卫队班长、排长，1928年编入红五军第一纵队任排长，1930年任红十六军会计科科长，1938年任新四军第一支队第一团军需主任，1939年任新四军第一支队军需主任，1941年任新四军第二师军工部部长。1942年8月因劳累过度，逝于江苏盱眙县的战斗岗位上。

烽火连天的岁月里，一场战争的胜利，除了指挥员的运筹帷幄和战士的所向披靡，还有一个重要的因素就是军需物资的及时、足额的供应。特别是在二十世纪三四十年代，内忧外患、物资奇缺的年代，军需供应更是尤为重要。

国民革命军新编第四军（简称“新四军”）军部在南昌成立，吴师孟所在的湘鄂赣人民抗日游击队，奉命改编为国民革命军新编第四军第一支队第一团，吴师孟任该团军需主任。他在第二次国内革命战争时期长时间担任军队后勤会计科科长和军需经理处处长等职务，积累了丰富的后勤经验。他为人忠厚正直，廉洁奉公，经他手分配的财物从不多占分毫，受到领导和战士的称赞。在接任新四军第一支队第一团军需主任后，他仍发扬红军优良传统，财钱分文不染，并严格管理所属人员，秉公办事。他主持开办军需人员训练班，言传身教，一连办了六期，为新四军培养了大批军需人才。通过办班，还建立健全了各项财务和军需物资保管与分发制度。

勇缴敌械扩武装

新四军第一支队第一团于1938年二三月由平江嘉义出发，奔赴皖南前线抗日。由于军需物资匮乏，吴师孟带领军需人员，放手发动人民群众自力更生筹集军需用品。在党的抗日民族统一战线政策感召下，不少开明人士、爱国同胞都慷慨解囊，捐献了一批医药和钱财。吴师孟精打细算，开源节流，把捐献款用在购置军火等急需品上，并建议部队从日军手中夺取弹药、枪炮补充自己。在第一支队副支队长兼第一团团长傅秋涛的指挥下，部队在江南开展破路战，炸毁了南京附近的一座铁路桥，消灭日军一个班，夺取了一批军用物资。吴师孟不只负责军需供给工作，还主动投入部队战斗中，到前线与日军拼搏。

当时江南形势复杂，有不少土匪和汉奸。他们勾结日军，无恶不作。为保护人民、铲除腐恶，吴师孟带领军需人员与部队一起，经过周密地侦察和艰苦奋战，一举解除了当地的土匪武装，夺得步枪两百多支、机枪两挺、手榴弹数百枚。

1939年春，管文蔚领导的抗日自卫总团改编为江南人民抗日义勇军挺进纵队，新四军第一支队隶属其领导。吴师孟因筹集军需和作战有功，升任第一支队军需主任。职位升迁了的他仍保持艰苦奋斗的战斗作风，带领全支队军需干部，竭尽全力，硬是从敌人手中缴获了不少军需用品，补充了部队的军需供给。

精打细算筹军需

吴师孟坚持以身作则，节约费用，保证部队军需。他从不因为个人多花公家一分钱，也严格要求下属不许随便开销，要节约每一个铜板。1940年3月，第一支队第二团从江阴、武进地区返回溧阳，途中经过金坛薛埠南边大山口村时，第二团军需处处长黄志远等人看到当地有不少膘肥体壮的大骡子。他们没有请示上级同意，就花钱买了四匹骡子，给各营一匹、团军需处一匹。这样做人力是减轻了，但却用去一千元，团里的余款所剩无几，以致团里其他急需无法开支，连指战员的津贴也发不出了。吴师孟得知此事后，语重心长地批评了黄志远等军需干部，说他们“花钱买骡子是缺乏全局观念”，再三叮嘱他们“经理军需要以节约为本”，并设法给他们拨去一千元应急。中华人民共和国成立后，黄志远曾任安徽省军区后勤部副部长，他在回忆录中详细地回顾了当年的情形，动情地说：“支队军需主任吴师孟对我的教育是我永远难以忘怀的。”

1941年1月，国民党蒋介石调集数倍于新四军的兵力，于安徽泾县茂林地区“围歼”新四军，制造了震惊中外的皖南事变。新四军军部及所属部队九千余人，除两千余人突围外，一部分被打散，大部分壮烈牺牲。

吴师孟所在的新四军第一支队被敌军重重围困在高坦、石井坑地区，经过几天浴血奋战仍未能突围出去。部队所带干粮早已吃完，指战员们已断粮两天了。吴师孟特别焦急，他主动向支队首长请求让他带几个军需人员在夜晚摸下山去，向村民购买点粮食。得到首长批准后，他们趁天黑悄悄绕过敌人的封锁线，历经艰险终于找到了村里的老百姓。一位好心的老农担心他们负荷过重难以通过封锁线，自愿将一头老牛送给他们。吴师孟要给钱，老农不肯接，说他们现在有难，理应出力。吴师孟只好趁老农去烧水泡茶的时候，将钱悄悄放在老农的枕头下。在老农的帮助下，他们七手八脚用绳索把老牛放倒，宰后用盐水煮熟，分成数包，这才返回营地。支队首长和指战员们看见他们买回的熟牛肉，都很高兴，一片一片地吃得很节省。大伙儿齐心合力，分作多路突围，大部指战员英勇牺牲，吴师孟和几个战友最后突出了重围，几番周折，终于到达了江北抗日根据地。

土法建起兵工厂

1941 年 1 月 20 日，中共中央军事委员会发布重建新四军军部的命令，任命陈毅为代军长，刘少奇为政治委员。吴师孟任整编后的第二师军需主任。他积极投入重建的新四军第二师军需工作。这时蒋介石国民党当局停发军饷和军需物资，严密封锁军用品、粮食及医药用品，后勤供应极其困难。吴师孟带领军需人员挑起了筹集军需的重担。

1941 年 6 月 8 日，中央军委下达了《关于兵工建设的指示》，指出：“在与日寇战斗中，枪械子弹缴获较少，而国民党不会再发弹药。因此，我各根据地对兵工建设应有正确的原则和注意。”遵照中央军委指示，第二师建立军工部，吴师孟被选调为军工部部长。他将党和军队的需要看成自己的奋斗目标。他挑选了军工模范吴运铎等人于 1941 年 9 月由盐阜区赶到淮南，在高邮县（今高邮市）金沟区平安乡（现属江苏省金湖县）的山地里，白手起家，土法上马，克服种种困难办起了兵工厂。吴师孟非常尊重吴运铎，任命他为兵工厂厂长，同他一道努力突破制造军火的难题，攻克材料、技术等难关。他们多次共同实验，开“诸葛亮会”。没有原料，就去乡村收集破铜烂铁和木炭等，刮土硝，熬制炸药；没有厂房，就租用老百姓的房子，并搭一些木棚子；缺少技术人才，就招聘能工巧匠，拜有技术的人为师。吴运铎非常能干，刻苦钻研。吴师孟慧眼识英才，充分发挥吴运铎的模范作用，终于建起了一个有一百五十多名工人的兵工厂。他们反复试验攻关，由开始只能制造土炸药，到制造出合格的子弹、手榴弹，进而能造迫击炮弹。到后来，兵工厂月产子弹两千五百发、手榴弹六百枚、迫击炮弹六十六发，有力地保证了部队急需的军需。但他们并不以此为满足，仍继续实行技术革新，改进炮弹的质量，不断提高杀伤力和命中力，为打击日本侵略者作出了

自己应有的贡献。

长期艰苦奋斗使得吴师孟积劳成疾，患了严重的肺病。而他仍以抗战为重，虽然常咳血不止，却始终不停息地工作着，终因过度操劳，病倒在战斗岗位上。直到生命最后一刻他还惦记着军工生产。吴师孟于1942年8月在江苏淮阴地区（今淮安市）盱眙县逝世，时年四十三岁。新四军第二师为他举行追悼会，司令员张云逸致悼词，高度评价了他为革命、为抗战所作的贡献和公而忘私的品德，号召全体指战员向他学习，夺取抗战的最后胜利。

（本文选自《岳阳日报》）

为了战斗的战斗
黎城故事：八路军最大兵工厂的诞生

文 / 陈之琰　薛小丽

1937 年 11 月 18 日，山西黎城抗日根据地开辟。自此，纵使周围形势更迭，“敌占区”“沦陷区”，始终保持着“解放区”的称号，红色政权在黎城也从未断绝。这片土地被称为“后方之后方”，陆续建起了八路军的医院、银行、学校、机场、农场、制药厂、草帽厂、被服厂、毛纺厂、造币厂、印刷厂、肥皂厂、纸烟厂等。今天，行走在黎城村巷，几乎走几步就能发现挂着纪念牌的民居，提示着人们这里曾经发生过的革命往事。

八路军在黎城留下的所有印迹里，黄崖洞有着极为特殊的意义。太行山脉绵延八百里，至黄崖洞形成了酷似丹霞般的地貌，刀削斧劈的峰峦直冲云霄。这里不仅发生过一场敌我伤亡 6 ∶ 1、被中共中央称为“模范战斗”的黄崖洞保卫战，更诞生了解放区第一批制式化步枪、第一门火炮、第一颗炮弹。这里曾经一年生产的武器弹药可装备十六个团。在整个黎城，曾经有专门培训军工人才的学校，培养了太行山上的第一代产业工人，连“村村碾炸药，户户造地雷”的地雷战也源自这里。

坐落于黎城县的八路军黄崖洞兵工厂遗址

然而，有关军工的一切在当时都被严格保密着。即使宣传起黄崖洞保卫战，也少有人知道那“水腰”（又称“水窑”）山谷曾因火热地生产而成为“小天津”。

“战斗是为了保卫兵工厂，兵

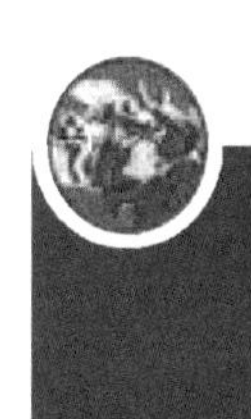

工厂是为了保障更持久的战斗。”当那些故事沉寂七十余载，当事者多已故去，今天的人们也只能听黄崖洞军工人的后代们慢慢诉说。

1982年，四十二岁的左太北第一次看到父亲的家书。

父亲左权在信中多是对母亲刘志兰在生活上的叮嘱，少提军中事宜。然而，就在左权牺牲前的1941年12月18日，他给妻子的第七封信里，记录了一场“安然”的战役——

在本区今年总算是“太平”的一年，在一地住上一年多不搬家，这在我十余年来的从戎生涯中算是第一次。不久前敌人向本区的“扫荡”仅廿二天就结束了，且仅是本区的一角，水腰的保卫战打了八天八夜，距我住地仅一二十里远，我们始终未动。不少人们替我们担心的事，但也安然地过去了。

好奇父亲一生的左太北曾几次来到父亲笔下的“水腰”。她不只一次望向重山之间的一线蓝天，还有那破败的碉堡。左太北告诉笔者，这场仗远没有父亲写得那样云淡风轻。

“鏖战八天八夜，歼敌近七百余人，八路军伤亡一百四十余人，创下抗日战争中敌我伤亡对比之最。这场保卫战也被中国共产党、中央军委誉为1941年反‘扫荡’以来最成功的模范战斗。”左太北觉得，这场战役保护的对象远比战役本身更值得一书，那正是整个华北敌后规模最大的军工生产基地——黄崖洞兵工厂。

发现“水腰”

1939年春，为了“使游击战争无军火缺乏之虞”，八路军副参谋长左权走进了隐匿于山西辽县、武乡、黎城三县之间的太行山腹谷，寻找扩大敌后军工生产的安全之地。

曾留学于莫斯科伏龙芝军事学院的左权发现，“水腰”正是理想的兵工厂所在地：这里群峰矗立，陡崖千仞，从酷似丹霞地貌的山峦之中仰望，能看到北部山崖峭壁上有个高二十五米、宽二十米、深四十米的天然大石洞，俗称“黄崖洞”，而洞南就是“水腰”。“水腰”山谷四周皆是陡峭的群峰，只要守住南口，便有万夫莫入之势。

通过左权的汇报，以及八路军正、副总司令朱德和彭德怀，后勤部部长杨立三的实地考察，1939年7月，保密代号为“兵工营”的黄崖洞兵工厂开工建设。

施工时恰逢大雨连绵四十余天，从位于韩庄村的总部修械所到黄崖洞共五十多公里路。在起伏的盘山小道上，工人们在雨中开山、修路、搬石、填沟。大型的设备被拆成一个个零件，连锅炉也被分成十片。每人肩扛手抬着各式部件，踩

黄崖洞兵工厂纪念馆

着泥泞的道路来到黄崖洞。

阴雨天气无法烧制砖瓦，土建工程师陈志坚带领民工就地取材，开山凿石，建造以石块垒墙、石板做瓦、石灰黏结勾缝的石头房。不到半年时间，工房、宿舍、办公室、俱乐部等十二栋“石头新房”相继建成。

今年八十五岁的刘国梁对父亲刘贵福最深刻的印象，便是那个在石头房的书桌前不停勾勾画画的背影。1939 年 10 月，时年三十二岁的刘贵福跟着一个三百多人的“工人行军营”，历时三个月来到黄崖洞。刘贵福原是太原兵工厂步枪厂的技工，曾在陕北茶坊兵工厂参加过无名式步枪的设计与制造，是中国历史上第一批“劳动英雄”。“虽然兵工厂从一开始就汇集了不少技术工人，但它真正在太行发挥作用还要到工厂建成半年之后。”刘国梁告诉笔者。

太行山间军工“明珠”

当时，兵工厂虽已能修理枪械及生产步枪，但仍是手工作业，枪支尺寸不规则，零件不能互换。不仅产量少、质量差、成本高，还常常在战斗中发生故障，甚至伤害自己人。因此，尽快实现步枪制式化成为兵工厂建成后的第一件大事。

1940 年 5 月 1 日，彭德怀、左权、杨立三亲自护送着新上任的军工部部长刘鼎，从武乡县王家峪村八路军总部来到军工部所在的黎城县上赤峪村。

在北京富强胡同深处的一座小楼里，刘文山把父亲刘鼎经常使用的工具放在书桌上，榔头、剪刀、放大镜、扳手……一件件虽都上了“岁数”，但却因经常使用而闪烁着金属光泽。

“爸爸从 1924 年留德开始就喜欢上了兵器制造技术，他离不开这些工具，动荡一生也一直带着。”刘文山告诉笔者，当时刘鼎能被选中担任军工部部长，正

是由于父亲曾留德、留苏，是红军中为数不多的军工专家。

1925 年，刘鼎在苏联莫斯科东方大学和空军机械学校学习并兼任教官，精通兵器构造、爆破原理、无线通信等军事技术。除了留洋经历，刘鼎还在苏联远东游击队任过武器教员，又于 1933 年在闽浙赣苏区制造出机枪和三门三十五毫米迫击炮，被方志敏称赞“不可思议”。

来到黄崖洞后，刘鼎想起在远东游击队时，刘伯承曾认为现有的各式步枪普遍射程长、枪筒重、刺刀短，不适合我军长途行军、快速奔袭、近身肉搏的需求。于是，刘鼎找来有枪支设计经验的刘贵福商量，要求新枪必须：1. 轻巧、先进、经济，统一标准；2. 枪身短、重量轻、刺刀长；3. 零件要能更换，瞄准精度要高。

1941 年才到太行与父亲团聚的刘国梁后来听工人回忆，在设计新枪的日子里，刘贵福日夜盯着捷克、三八、中正、汉阳等不同制式的枪支研究，拿着从铁路上扒下来的钢轨研究淬火技术。“那几个月工人们都熬得双眼通红，就是为了造出新枪。”

终于，1940 年 8 月 1 日，刘鼎带着装配好的新枪与刘贵福一起来到八路军总部。新枪的口径为 7.9 毫米，长度较一般步枪短了一百毫米到两百毫米，重仅 3.36 公斤，近似马枪。

“新枪试制成功了！连打两百发子弹没有问题！”

在刘鼎的回忆中，听完他的汇报，彭德怀接过枪后，比画着刺杀的动作，三棱刺刀“唰”的一下牢牢扣在了枪口上，引得他连说：“好枪！”

更有意思的是一二九师副师长徐向前背上枪便不愿意放下，笑着说：“我当兵能背这种枪，不吃饭也高兴！”

之后，这把被命名为“八一式”的马步枪立即投入批量生产。直到 1949 年解放太原时，彭德怀看到从阎锡山军队缴获的“太原造”，还称其不如“水腰”枪。

刘鼎上任后，接连带领和组织人员进行了制式步枪试制生产、子弹生产、炮弹研制、烈性炸药研制等工作，兵工厂进入鼎盛时期。至 1941 年 11 月，黄崖洞兵工厂共生产步枪四千多支，其中八一式步枪三千余支，五〇掷弹筒八百门，掷榴弹两万多发，是军工部规模最大、生产能力最强、生产质量最好的“第一厂”，被朱德誉为“掌上明珠”。

“小天津”里住着“洋八路”

最近，退休了的程东终于有空找出父亲程明陞在黄崖洞的工作笔记复印件，把这些资料录入电脑里。“原件给了黄崖洞的纪念馆，这些资料不记录的话，下一代永远不会知道父亲这一辈人做了什么。”

毕业于日本早稻田大学电机制造系的程明陞是黄崖洞兵工厂的第一任厂长，当时像他这样有留洋背景的专家在黄崖洞并不少见。学冶炼的陆达留学德国，学机械的郭栋才留学日本，冶金博士张清华留学英国。此外，还有来自燕京大学物理系、北平大学工学院、清华大学工学院的不少毕业生。

“总说‘土八路’‘土八路’，真没什么人知道在那大山里还有一群‘洋八路’。”程东告诉笔者，由于当时不少负责人都有留洋背景，这些“洋八路”也把企业管理的理念带入了兵工厂。

经过一段时间的生产，程明陞和军工部工程处处长郑汉涛等就开始一起探索新的管理方式。他们亲自编写工厂管理教材，举办培训班并亲授课程。工厂成立了工会，取消了军事化生活方式。领导体制从政委制改为经理制，实行民主管理，依据“集体合同”组织生产劳动。生产过程实行定额管理，开展成本核算，并建立了生产统计、产品检验、器材使用、工务记工等各项制度。

1941 年来到黄崖洞的刘国梁记得，五千平方米的钳工房、两千平方米的机工房里，车、刨、钻、冲等切削机床有二十多部，蒸汽锅炉、发电机轰鸣声日夜不停。职工上下班以汽笛为号，厂内机声隆隆，白天运货的民工川流不息，晚上全山谷灯火通明，一派生机勃勃的景象。大家都自豪地称兵工厂是太行山上的“小天津”。

兵工厂生产的武器会马上被送到前线。百团大战中，军工部为八路军提供步枪三千支、手榴弹七万枚、复装子弹十二万发、火药三千多公斤。

百团大战胜利之后，1941 年 4 月，黄崖洞兵工厂自主生产的第一门五〇掷弹筒诞生，令敌人措手不及。八路军“突如其来”的先进装备使日军加紧了侦察。不久，信息传到日军指挥部：“八路军在太行山上兴建了超过三千人的现代化兵工厂，竟拥有先进设备与外国专家。”

于是，不时的“扫荡”终于演变成一次聚集五千多日军的猛攻。

保卫黄崖洞

今天的黄崖洞已是一座商业运作的森林公园。游客们经过入门处的雕塑，迎面便是两座极高的悬崖，往里走是被叫作“瓮圪廊”的狭窄通道。黎城县党史研究者杨尚军这样比喻：如果把黄崖洞区比作一个瓮，“瓮圪廊”便是瓮口，军事上称“南口”。

走进“瓮圪廊”，头顶仅一线天，一时间，暑热都没了，山壁间的风吹得人

背脊发凉。通道尽头是二十余米高的断崖，一帘飞瀑发出“哗哗”的声响。靠东的崖壁上，有一条一百二十余级的“百梯栈”，这便是从谷底登上断崖进入黄崖洞区的唯一通道。

“1941 年的冬天，日军出动五千余人，就是准备从这南口一举拿下黄崖洞。”杨尚军指着头顶的崖壁，“当时近一百个日本士兵突进‘瓮圪廊’，有些会登山的特种兵竟准备从这十几米高绝壁，爬入黄崖洞。”

其实，从兵工厂生产出第一批步枪开始，华北日军便将这里视为心腹之患，每一次的“扫荡”，兵工厂和军工部都是重点目标。到了 1941 年 11 月的黄崖洞一战，日军除了派出顶尖的士兵、飞机，还在黄崖洞用上了山炮、毒气弹、火焰喷射器、广播心理战等多种办法。

日军在“瓮圪廊”遇到八路军的伏击，死伤惨重。但抱着必须夺取黄崖洞的意志，其指挥官挥舞指挥刀，强令没有受伤和受轻伤的士兵，拖着尸体搭起“尸梯”。

“尸体垫得不够高，又硬拖重伤员垫，那些重伤员像屠案上待宰的猪一样嚎叫不止。眼看残敌就要踩尸攀登，我们的战士急中生智，骨碌碌滚下几颗大地雷，把‘尸梯’炸毁了。”在广州欧阳严的家中，他取出父亲欧致富的回忆录，指着其中的一段说，“虽然八路军擅长打游击战，但在黄崖洞打的确是一场漂亮的阵地战。”

“保卫战前，兵工厂掩埋机器准备撤退，叫‘空室清野’；打起仗来，日军逼近时中了飞雷、地雷，叫‘地雷会餐’；兵工厂安全转移，部队准备撤退，就请‘鬼子’进来捡捡‘破烂’。”欧阳严至今还记得，偶然向父亲提及在报纸上看到黄崖洞保卫战后父亲的反应。父亲满嘴的“黑话”里透着得意。

欧致富是当时八路军总部特务团团长。特务团又称“朱德警卫团”，担负保卫总部的重要使命。1940 年 11 月开始，特务团就接受彭德怀命令，进驻黄崖洞，保护兵工厂的安全。

欧致富回忆，当时左权亲自带领特务团勘察地形，绘制地图，实地研究作战预案，并抽调六个工兵连协助特务团修筑工事。前后经过八个月，全洞区共构筑坑道十一节、堑壕九千米、掩蔽部和碉堡一百九十个。整个黄崖洞形成了一个以营为守备区、连为防区、排设阵地、班组筑工事的环形防御体系。工厂外围还设置了两道防线、三道雷区。各阵地明暗碉堡林立，火力俯仰交织，既能相互支援，又能独立作战。

“每天带一壶水、几个馍，父亲和特务团走遍了黄崖洞布防的每一处。”左太北每次来到黄崖洞都要上到山腰间的一处石砌小屋。小屋被称作“将军屋”，是左权为了方便在黄崖洞工作的临时居所。后来欧致富结婚时，左权还特意让出小屋，成了欧氏夫妇的婚房。

1941年11月11日至19日，特务团与日军激战八天八夜，歼敌一千余人，以敌我伤亡6 ：1的战绩取得了“黄崖洞保卫战”的胜利，掩护了兵工厂安全转移。

撤离后，恼羞成怒的日军对兵工厂厂区和军工部驻地上赤峪村及周边地区展开毁灭性报复。上赤峪全村除残留一间房屋外，其余房屋全部被烧毁，片瓦不留。

“随着厂区不复存在，黄崖洞作为八路军兵工厂的使命也就结束了。军工部和兵工厂之后就从上赤峪村转移到隔山临沟的赵姑村，军工生产更为分散、灵活，再没有黄崖洞那样大的规模了。”杨尚军说。

（本文发表于2015年6月4日，选自《南方周末》）

八路军平射迫击炮打碉堡：用高粱秆套炮弹

文 / 宋　涛

敌后战场中，八路军在武器方面远不如日军，特别是缺乏攻坚必备的火炮，别说大口径重型火炮，就连结构简单的迫击炮也是“稀罕物”。八路军装备的迫击炮多为八十二毫米口径以下的型号，威力有限，加之弹道弯曲，对碉堡一类有顶盖的工事攻击效果不佳。正是看到这一点，日军才大量修筑碉堡炮楼，企图把抗日武装困死。面对这一情况，八路军想出种种创新的应对之道，其中迫击炮平射是一个范例。

众所周知，迫击炮属于曲射武器，主要对付步兵集群，打击单体目标较难。时任太行军区司令员的刘伯承和政委邓小平，指示炮兵主任赵章成研究用迫击炮平射碉堡的战术，司令部还从华北各军分区抽调十名迫击炮干部，组成迫击炮平射研究班，由赵章成亲自挂帅。

起初，研究班想到用高粱秆套住炮弹，用力助其下滑来击发雷管，经实验确认方法可行。但是赵章成并不满意，认为这种方法在技术上存在安全隐患，实操效果不好。接着，大家受到日军八九式掷弹筒的启发，又想出用拉火击发的办法，即在炮尾部增加一节尾管，采用拉火击发装置，并将座钣倾斜着地，使炮筒与地平线的倾角保持在五度以下，这样一来，迫击炮既能曲射又能平射，具有类似日军九二式步兵炮的功能。

经过几个月的奋战，赵章成小组总结出“一炮多用”的办法。成功后，刘伯承当即责成司令部电令各军区部队，将迫击炮分期分批送往兵工厂改装，在战场上大力推广平射迫击炮。

除了发展平射迫击炮，八路军还多措并举，提高攻坚能力。1940 年 9 月 23

1940年9月，八路军第三八六旅突破榆社城垣，指挥员在突破口留影

日23时，八路军第一二九师三八六旅进攻山城榆社。战士们利用敌工事的死角，将手榴弹不断地投入日军碉堡里，炮兵也准确击毁城门上的大碉堡，打开攻击缺口。十六团十二连的班长王石德第一个冲上城头，一口气将自带的手榴弹全部投完。他负伤后，另一位班长接着冲上去，继续向日军阵地投掷手榴弹，直到将敌全部消灭。在战场另一侧，一批战士抬着云梯登上三十米高的峭壁，迅速突破城墙，攻占文庙。在攻击日军核心阵地榆社中学时，八路军选择相对耗时的坑道作业，至25日16时，坑道终于挖到日军核心阵地内，随后战士们秘密将装满炸药的棺材塞入坑道尽头。16时45分，炸药引爆，日军堡垒瞬间被炸塌。趁着爆破的瞬间和烟雾弥漫之际，十六团团长谢家庆亲率两个连冲入中学，与残敌展开肉搏，最终全歼日军，收复县城。

正是凭着这样的斗志和创造力，八路军在山地作战中克服了装备上的巨大差距，对日军据点构成巨大威胁，打破了日军妄图依靠这些据点困死敌后抗日武装、控制被占领区的幻想，创造了一系列辉煌的胜利。

（本文发表于2015年9月11日，选自《新民晚报》，原标题为“敌后抗战兵法之三：山地攻坚”，有删节）

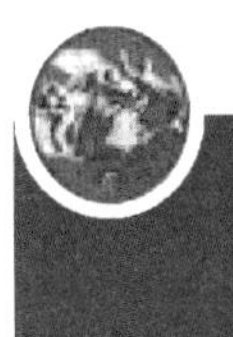

抗日烽火中的一座兵工厂

文 / 岳同山

我的家乡——大名县普明滩乡司庄村既小又偏僻。可能正因为如此，在那日军猖獗的年月里，它却成了抗日军民的腹地，先后驻过后方供给处、后方医院和兵工厂等单位。尤其是兵工厂，在这里驻扎的时间最长，也在人们心中扎根最深。

兵工厂来了

1942年春天的一个黎明，喧闹声把人们从睡梦中吵醒。大家走出家门，看见满街大小车辆。起初人们还不知发生了什么事，稍一打听，才知道是来了个兵工厂！

“兵工厂来了！”

“兵工厂来了！”

……

人们奔走相告，一顿饭的工夫，已是家喻户晓、老幼皆知了。然而，村子的周围似乎有一种无形的信息绝缘体，就连只有一坑之隔、相距半里的邻村也一点风声都没有。当然，随着生产的开展和震撼的试爆声音，消息被更多人知道，但对敌人来说，仍然是个秘密。

兵工厂有三个主要组成部分：一是手榴弹制造，这是主体部分，它包括弹壳铸造、火药配制、弹把制作，以及引火管制作、总成等生产环节。弹壳铸造设在村西头路北贾培元家的一个大场院里，安一个大熔炉和一个制模场；火药配制在村当中路北贾德珍家的碾坊里，而碾子就成了碾轧火药的专用设备；制造引火管在村当中路北贾国珍场院的一排西屋里；总成就在这排西屋门前的打谷场上。二是子弹翻造，设在村东头路北贾章柱家的西屋里。三是修理枪械，设在村当中路北贾玉珍家的小南院里。再加上兵工厂的人员住宿，这个只有四十来户的小村，容纳这么大的机构，可见其密度之大了。

土法上马搞生产

在敌人封锁，物资奇缺的条件下，进行枪、弹生产，那该是多么艰难的事呀！然而，抗日军民没有被困难压倒，他们以创造性的劳动，制造出一批又一批的枪、弹，送往抗日战争的前方。

子弹翻新是把用过的旧弹壳装满水，用手指堵住，猛翻成口朝下放在硬地面上，用锤子一砸，水的压力把底火门顶下来，然后装上底火药，再盖上配制的底火门，接合部上涂上漆，新弹壳就做成了。再用铜钱截去一圈，放在弹头模上，用冲子向下一砸，冲压成弹头外壳，然后灌上铅，就成了新的弹头。组装完成以后，再在弹头与弹壳接合部涂上漆，新的子弹就造成了。

千方百计造手榴弹。要说困难多，还属造手榴弹。首先是熔炉，用砖垒起炉身，没有耐火土，就用破缸砸成碎面，加上黏土把炉膛套好；没有鼓风机，就做了个特大的风箱，用长木杆子像连杆似的把风箱的推拉把连起来，两头各有五六个人推拉；原料是走村串乡收来的破铁犁铧；只有焦炭是通过关系从敌占区购进来的。至于炸药，更是困难，主要是土硝、硫黄、木炭，尤其是碾轧时更须倍加小心，稍有不慎就可能造成轰燃。记得1943年春天有一次火药轰燃，在场三人都受了伤。尤其是围着碾子搅拌的那个同志，两臂和面部全被烧伤了，待他从医院回来时，面部变得吓人极了，但他仍坚持在原岗位上工作。总装是最后一道工序，也是最危险的一道工序。手榴弹把装好引火管，弹头装满炸药，放在一个像压饸饹的床上把弹把压进去。每到这个时候，人们就十分紧张，因为只要重心稍微不稳，就可能引火爆炸，压床和扶弹把的两人是冒着极大的风险的。幸好，三年多的时间里不曾出现过事故，可见人们是如何精心操作。总装完了，人们悬着的心才落了地，蹦啊跳呀，庆祝总装的成功，也更盼着试爆。试爆是在村东北角一个院子里进行，抽出一些弹样向院子里投掷以检测合格率。在我们记忆里，从来不曾出现过瞎火，可见当时对质量要求是何等严格。试爆是人们最快乐的事，村里人都想投一个，连小孩也馋得手痒。试爆往往是以十分满意的结果告终，人们高兴得欢蹦乱跳，庆贺工作的胜利。

军民一家真谛的体现

“军民一家”是形容人民军队与人民亲密关系的一句常用语。但是，如果只是在电影上看过几组镜头而没亲身感受的人，恐怕是很难理解它的真谛的！这里只说几件小事：

找碗：兵工厂刚来村时，一切尚未就绪，而人员又在陆续增加，在开饭时常常有人没碗，只好到群众家去找。有许多次群众家里刚盛上饭，门外就有八路军

喊老大娘要借碗，屋里一边应声，一边把盛上的饭倒回锅里，洗净，让八路军拿走先用。全家人没有一个有怨言的，就连贪吃的小孩子，也不吱声。

看麦苗：八路军帮群众干活是日常活动的重要内容，平时担水、扫地屡见不鲜，一到农忙时，兵工厂总要安排一定的时间，停产帮农。记得那年种麦时各家各户都有八路军帮助抢墒、翻地、种麦。在我家帮忙的三位同志，一种上麦就离村走了（可能是执行任务），大约隔了十来天才回来，到村时已近黄昏，一放下东西就问麦苗出得怎样，还硬是拉着我到地里亲眼看了看麦苗才放了心。

民帮军：在军工生产需要时，群众都是自动上去帮忙的，特别是到了开炉的时候，人们都赶着去。年轻力壮的去拉风箱，还有的还帮着端勺浇铸，浇铸往往要到傍晚才能结束。此时是人们最欢乐的时刻，炉内只剩下一些含杂质较多的底浆，不能铸造使用，人们就把它倒在铁锨头上，向无人方向的斜上空抛去。在黄昏的夜空中泛起无数花朵，真可与今日的焰火礼炮相媲美。人们鼓掌欢笑，不少人连晚饭也懒得去吃了。

挖地道：兵工厂在百忙中从未停止过挖地道。地道口是在贾德珍家的东院，这个院子是兵工厂总部驻地，从东院北屋东山夹道内下去，向北延伸，直到村北一个大果树园东墙下有个出口。这个出口平时极隐蔽，是个安全转移通道，一旦敌人包围村子便可从地道向外转移。出了果园墙下的洞口便是野外，如果是夏天，转身便可进入青纱帐里。挖地道，起初是极秘密的，后来便不再对本村群众保密了。村里的人们争着去帮忙，就是在农忙季节，晚上仍有人义务去劳动。这个地道，即便在兵工厂挪走后还是很秘密的，日本投降后才公开了，小孩子们争着下去看新鲜。这时，大家才知道了地道的概貌——约两米高，两米宽，长两百五十米到三百五十米，中间有不少放灯的地方。听起来似乎很平常，但这却是工人在繁忙的生产中，利用夜间加班干出来的，可以说是一件了不起的工程。

宣传群众

兵工厂也是宣传队，到村后不久，就帮助村里开展农救会、妇救会、自卫队、模范班（包括青抗先）、儿童团（包括姐妹团）等的组建工作。当时，贾兆祥是儿童团团长，我是指导员，带着一帮十多岁的小伙儿整天吵着要八路军叔叔教唱歌、讲故事。兵工厂还帮助村里组织了秧歌队、高跷队，还演话剧、歌剧。我记得演的剧目有《兄妹开荒》《顽固老婆》等。尤其是高跷队更是别开生面，外村的传统编排是公子扑蝶、子牙钓鱼等，我们村的编排是日军“扫荡”、追赶花姑娘、民兵出击搏斗等。高跷队是军民合编的，兵工厂有几个技巧很高的同志，表演起来高潮迭起。在当时来说，这些算是很好的艺术表演了。

武装群众

兵工厂在武装民众方面，除了指导正确的思想外，还有它得天独厚的条件，那就是用枪支弹药武装民众。当时，兵工厂给我们村装备了一个模范班，有四种枪支——老套筒、捷克式、汉阳造和马拐。枪是比较好的，除了一支马拐以外，其他枪支还配了刺刀。在当时来说，很多大部队也达不到这个水平，真是威风极了。至于子弹就更优越了，只要交个弹壳，就能在子弹翻新车间换一粒子弹，所以民兵们能够实弹练习。因而，我们村的民兵无论在装备上，还是在射击技术上都可以说是令人羡慕。记得有一次一小股日伪军窜犯由冠县出发“扫荡”到我们村北边三里之距的孟庄村，并有继续南犯之势。我们村民兵到村北进行阻击，一排枪声过后，敌人就吓得缩了回去。

一次反“扫荡”的胜利

1944年初春，日伪军对这一带村庄进行了一次规模空前的、垂死挣扎的大“扫荡”。之后我听说是南乐、朝城、莘县、冠县、大名等周围几个县的敌人联合行动。在这一带村庄里，除了我们村驻有兵工厂外，东边三里地远的阎庄驻有银行印刷所、北边的北石固村驻有刺刀打造厂，还有后方供给处、后方医院等都在这一带游动，敌人的目标是什么且不说，反正敌人是下大力量进行了一次“铁壁合围”。

记得一天黎明，西南方向（金滩镇—龙王庙一线）响起了阵阵枪声，人们急忙向东北方向转移。枪声步步向避难群众逼近，逼使着人们继续东走。黄昏时候，我们走到了三十里外的尧头村，刚跑上一个高坡，就见坡下边的洼地里堆满了人，四周全是日伪军，这才知道我们被包围了。有的人想掉头逃跑，敌人就开枪镇压。我们村贾培元家的一名长工和一匹黄色骡子就在这阵枪声中被打死了！我们村转移的群众几乎全在这里，还有几位兵工厂的同志。不知是内奸告密，还是敌人早就认识，兵工厂的一位修枪技师被敌人从人群中拉出来向西走了没几步就被砍了头！那气氛紧张极了。天色将晚，东边和西南边的敌人会合了，驱赶着人们向北走去，听人们说是要押到冠县去。正当人们惊恐而又无计可施，敌人盛气冲天且自以为得计的时候，西北角忽然响起了密集的枪声，后来听说是基干队来袭扰敌人——敌人一下子慌乱起来，赶紧组织兵力应战。兵工厂的一位同志高喊：“乡亲们，快跑！”人们一下子跑散了，敌人似乎没顾上理睬这边的情况。人们借着复杂的地形、尧头村庄的遮掩和夜幕的掩护从魔掌下挣脱出来，敌人精心策划的“扫荡”一下子被粉碎了！

在威严的炮声中离去

兵工厂在我们村驻了三年，1944年反“扫荡”以后，抗日形势一天比一天好转。兵工厂要搬走了，就开始减少人数，搬走设备，相处了一千个日日夜夜的亲人要走，乡亲们真舍不得，可又没有办法。到了麦收的时候，说是打漳德（安阳）缴获的一批手榴弹质量不可靠，要就地销毁。人们站在贾德珍家的东院向东墙外投掷，东墙外是一个叫老鸹院子的大院子，隆隆的响声时密时疏，一直响了三天。这时的抗日军民再不是笤帚疙瘩当枪使，高粱秆子当子弹的时候了，不再怜惜敌人这几个破手榴弹了，要的都是上好的弹药。这响声是抗日即将胜利的庆功炮，也是兵工厂向乡亲们告别的礼炮。没过几天，兵工厂向人们告别了，人们走上街头欢送，挥手惜别，有的老大娘掉下了眼泪，有的小孩子哭出声来。来时悄然无声，去时人声鼎沸，别了——亲人们，人们将永远记住这段美好的记忆！

（本文发表于2015年11月13日，选自大名纵横网）

吴运铎与仙墩庙兵工厂

文/李宜祥　曹　基

一

仙墩庙，位于安徽省天长市铜城镇高庙社区东北五里许。抗战时期，一群优秀的中华儿女汇集在这里，修枪造炮，谱写了一曲英勇抗击日军的壮歌。

2015年是抗日战争胜利70周年。5月中旬，柳絮纷飞，笔者一行驱车前往仙墩庙。出高庙社区，沿通向江苏金湖县金南镇的大道向北，再向东，路两边高大挺拔的杨树郁郁葱葱。车行十分钟后，一座黄色庙宇掩映在修竹茂林中。庙西、庙前是一垄垄平整的田园，小麦的拔穗刚泛鹅毛黄。庙的东边是一条长长的灌溉渠，渠坡下竹林里吐出了尖尖的笋子。庙后是一片密密的杨树林。拾级而上，一丛嫩绿的芭蕉挺立在池塘边，一派生机盎然。

吴运铎

庙宇前后两进，三间前殿，三间正殿，两边各四间厢房。我们在前殿的后沿墙边看见一铭碑："仙墩庙始建于明朝初期，距今五百余年，屡经兴废。抗战时期，新四军二师军工部驻扎此地，兵工厂设在本庙……"

仙墩庙兵工厂遗址

原高庙小学副校长吴秀华和仙墩村的三位杨氏老先生，早早地就在这里等着我们了。我们在西厢房里坐下，每人一杯清茶。七十八岁的杨定高、七十六岁的杨定明

和五十八岁的杨定昌三人是兄弟，祖祖辈辈在这里务农。三人面容清癯，身板硬朗。谈起新四军二师在庙里开办兵工厂的往事，大家精神都比较振奋。

二

抗战时期，这里属淮南路东抗日根据地，隶属天高县金沟区，现在是天长市铜城镇与金湖县金南镇的交界之地。向东十来米一条大道连接高庙与金南，路东就是金南。新四军二师兵工厂就设在这里。兵工厂是从东边附近的小朱庄搬过来的。庙不大，总共十间房屋，兵工厂的同志们住在周边的老乡家。一位姓刁的支部书记住在杨家，大哥杨定高、二哥杨定明当时只有几岁，还有些印象。听父辈们讲，兵工厂负责人叫吴运铎。吴运铎在这里修枪、造子弹，研究生产出枪榴弹。抗战胜利后，吴运铎及兵工厂随我军北撤。

二十世纪五十年代，政府在庙里办过农业中学，师生们曾挖出铜套子和枪榴弹的部件，可能是当时兵工厂撤退时来不及带走而就地掩埋的器材。

当时的斗争很残酷，敌特组织千方百计潜伏进兵工厂。一个伪装成技术人员的特务，在生产手榴弹时做了手脚使手榴弹甩入敌阵却不爆炸，给我军造成了一定的损失。破案后，部队召开了公判大会，特务被处以极刑。

三

距此处十多华里的龙岗抗大八分校纪念馆的展示柜内展有吴运铎当年亲手制造的“单打一”手枪一支，枪榴弹两颗，地雷两颗，引爆地雷、炸药包的导火索一小捆。墙上张贴着六张照片，其中四张照片为枪榴弹等军火；一张为抗大八分校学员到兵工厂帮工，当年的兵工厂旧址；另一张为吴运铎与军工部部长王新民的合影。王新民戎装，手挽着吴运铎。两人站在草地上，身后是一片树林，吴运铎高高的个子，浓密的头发，身穿便衣，笑容灿烂，目视着前方。照片拍摄地点就在铜城镇。

四

吴运铎祖籍湖北武汉，出生于江西萍乡，早年曾在萍乡煤矿当矿工。全面抗战爆发后，吴运铎参加新四军，投身军械工作。历任新四军司令部修械所车间主任、二师军工科科长、淮南根据地兵工厂厂长等职。

1953 年，吴运铎写了自传体小说《把一切献给党》。据该书介绍，随着华中抗战形势的发展，新四军军部决定把军部兵工厂的兵工干部和工人分配到华中各根据地去，建立更多的兵工厂。吴运铎和一部分同志被分配去了二师，建立步枪子弹工厂。《金湖县志》记载：“民国三十年（1941 年）九月，新四军军部军工厂指导员吴运铎奉命来到境内金沟区平安乡小朱庄（今金南乡境内），筹建年产六十万发子弹的兵工厂。”最初的厂址吴运铎在书中记载的是“农民腾出两间茅草屋子”。建厂不久即因场地狭小，搬到仙墩庙。子弹厂由吴运铎和两个钳工、两个锻工、两个车工、两个徒工共九人组成。随着生产任务的加重，后来从战斗部队调来一百多名青年战士，到厂里当学徒，同时也吸收了附近的能工巧匠参与进来。同期，抗大八分校驻扎在附近的龙岗小镇，分校常组织学员到兵工厂帮工。建厂初期条件艰苦，物资奇缺。组建时的机器设备是“从另外一个修械厂调来一部四尺长的皮带车床，两部老虎钳和一台手摇钻”。原材料是“军工部材料科的同志们千方百计收集的破铜烂铁”。

吴运铎和战友们开始了艰苦创业，因陋就简、土法上马设计制造各种机床。他们在这里，不仅制造步枪子弹，还修枪、修炮，研制生产大炮和炮弹、枪榴弹和地雷等。他们成功研制出拉火地雷、脚踏地雷、定时地雷。在研制地雷时，需要在坩埚里熔化铜水。没有现成的坩埚，只能自己动手研制，前后三次失败。其中一次坩埚爆炸，铜水溅出，烫伤人员，吴运铎也被烫伤。他们两次请来当地一位刘姓补锅匠（铁匠）现场指导，终于成功研制出坩埚。

五

兵工厂的生产规模逐步扩大，任务加重，吴运铎肩上的压力越来越大。为了提高理论修养和工作能力，上级同意他的请求，决定调他去延安的马列学院学习。在去军部拿介绍信的时候，罗炳辉师长拦下了他，“我们现在需要有各种各样能敲碎敌人骨头的武器”，要求他留下来研制新武器。吴运铎受命返回研制武器。当地老乡提供了在洪泽湖边有国民党政府“治淮”遗留下的一批铁棍的信息，吴运铎和战友们历尽艰辛把这批铁棍运回来，研制了枪榴弹。“把粗铁棍锯断掏空，制成枪榴弹，像装刺刀那样套在步枪口部；再用铸铁造成像迫击炮弹一样的炮弹，装在筒里，利用没有弹头的步枪子弹的火药气体，把筒里的枪榴弹发射出去”。这批铁棍发挥了巨大作用，剩余部分后来又被兵工厂研制成“平射炮（铁炮）”。

六

吴运铎在书中记载：枪榴弹初显威力，是在根据地边境的桂子山上。在这次战斗中，我们的战士用枪榴弹打死了八十多个日本兵。指挥战斗的二师五旅的成钧旅长特地把一把缴获的手枪送给吴运铎，以示奖励。当地史料也记载：1943 年 8 月 17 日，新四军二师五旅十三团与从八百桥出动到四合墩我根据地“扫荡”、抢粮的日军六十一师团小田大队五百余人、伪军两百余人展开激战，从清晨战斗至晚 9 时。在旅特务营的增援下，此次战斗我军共毙伤日伪军三百余人，其中多

数为日军。

七

师部首长们也关注着兵工厂。吴运铎等人初到二师时，在驻地黄花塘受到了罗炳辉师长的热情接待，陪他们吃饭，晚上又陪他们一起观看文工团演戏。罗师长亲自下达任务，亲自观看枪弹试验，还派人赴敌占区的上海购买技术资料送给吴运铎。吴师孟原为新四军军工部副部长，带领吴运铎等人到二师后，亲自下达生产任务，组织收集各种器材、物资送往子弹厂，其本人曾经化装成商人，到上海采买工具和材料，也曾亲临兵工厂参加生产。

根据地抗日民主政府、民兵组织和人民群众也对兵工厂给予了大力支持。钢材的提供“多半靠民兵们破路，去拆钢轨、道钉、夹板”。“许多同志化了装，冒着生命危险，挑了担子到敌人占领的城市，替人修补锅碗，收集破铜，凑齐一担子就送回根据地。”“有些同志化装成难民、商人、小贩，跑到上海、南京去，收购破机器，拆卸开来分别坐着小船，推着独轮车，挑着担子，弄回来。”

1943 年春，一架日军的飞机坠落在杨村的沂湖之中，罗炳辉师长派遣文化教员刘连带一个班战士和几位渔民历经艰险，在地方抗日政府的参与下，在日军巡逻船的眼皮底下打捞出飞机，送至兵工厂。

八

吴运铎为了军工事业，曾三次负伤。其第二次负伤就是在仙墩庙兵工厂。当时上级送来打扫战场时收集起来的一批不能使用的迫击炮弹，命令他尽快修好。在研究雷管时，一支雷管在吴运铎的左手里突然爆炸，致使他身负重伤，险些牺牲。“左手炸掉了四根手指，肉和皮炸得飞起来，贴在墙上，贴在桌面上。左腿膝盖炸开了，露出了膝盖骨，左眼直淌血，什么也看不见了，脸上炸了几个洞，浑身麻木地失去了感觉……”这是吴运铎自己在书中描述此次受伤的情节。

一大批战友和吴运铎一起舍生忘死地在兵工厂战斗，有的甚至还献出了生命。吴运铎在书中提到的亲密战友有：秦永祥、老马、勤务员小顺子、小丁、小鬼……秦永祥后来在一次研究拆解“日本信管”时因意外爆炸而牺牲。据《金湖县志》记载：金湖人陈士俊（男，出生于 1918 年）、稽常发（男，出生于 1913 年）为子弹厂工人，于 1943 年 8 月牺牲在仙墩庙；姚文华（男，出生于 1905 年）为兵工厂工人，于 1943 年 8 月牺牲在天长白衣庵。

1951 年 10 月，中央人民政府政务院和全国总工会授予吴运铎“全国劳动模范”称号，并将他誉为“中国的保尔·柯察金”。

由于革命战争时期留下的伤残和痼疾，“文革”后吴运铎长期住院治疗，老区人民也一直牵挂着吴运铎身上的伤痛。1991 年 6 月，杨定昌陪同同村的吕定发（音）去看望吴运铎。吕定发是个木匠（八十多岁），曾在兵工厂里干过。杨定昌和吕定发到北京找到吴运铎的家。但是很遗憾，吴运铎刚刚去世一个月（1991 年 5 月 2 日病逝）。吴运铎的夫人陆平和女儿女婿热情地接待了他们。陆平是江苏扬中人，她与吴运铎既是夫妻又是战友，陆平当时也战斗在这里。陆平告诉他们：吴运铎在仙墩庙兵工厂工作时，只要对她说“我去开会了”，就意味着他是冒着生命危险去研制炸药了。每次研制炸药他都避开战友，将自己关在屋里，把危险留给自己。她也就慢慢地明白了，每次“开会”她的心都揪紧了。

（本文发表于 2015 年 6 月 3 日，选自军报记者网）

崂山曾藏着近十座兵工厂

文/徐　杰

七十多年前，中华儿女同仇敌忾抗击日本侵略者，一部分抗战部队穿梭在崂山之中，交通不便，补给被切断。没有枪炮，怎么打仗？抗战部队在当地百姓背扛肩挑的帮助下，在崂山建立了近十座兵工厂，招募铁匠做技术工人，截断铁轨熔炼、制造机关枪、步枪、大盖枪和手榴弹。依靠这些自制枪械，战士们在崂山中坚持下来，最终赶走了侵略者。

隐蔽藏身陡山　至今人迹罕见

一个月前，崂山区史志办公室特邀编审宋立嘉曾和一位岛城文史专家爬山找过一次兵工厂，因此笔者特意邀请他一起上山探访。2015年4月20日，笔者来到崂山区东海滨的长岭社区，住在山脚下的刘开民夫妇已年届六旬，他们是为数不多的知道附近团场山上兵工厂遗址的居民。今年六十三岁的刘开民，当过南长岭村的村主任，他在当地老人那里听说了不少关于兵工厂的故事。刘开民说，这个兵工厂遗址的海拔在四百五十米左右，因为山路陡峭难攀，附近村民和驴友很少踏及此处。

刘开民想要给笔者带路，无奈膝盖疼痛不便爬山，便嘱托老伴林女士当向导。沿着村子里胡同一路走，眼前很快便出现宽阔的山涧，一片片茶园点缀其中，环境十分秀美。然而仅仅行进了数百米远，饶有趣味的山路一下子变了脸，山势变得十分陡峭，眼前荆棘密布、草枯石滑，根本看不出有路。林女士一边用木棍隔开满是刺针的树枝开路，一边踢开脚下打滑的石块，还要观察周边草丛中有无剧毒蝮蛇。笔者一行三人只好手脚并用，踩着山石、枯草在树林中穿行，然而带针刺的树枝还是防不胜防，稍不留意就会被刮破脸庞、手臂，钩破衣裤。爬到半山腰位置，笔者脚下一滑，小腿磕在一块岩石上擦伤且肿胀。

遗迹有石崖、山洞　利于侦察敌情

攀爬了一个多小时后，林女士几经摸索带着笔者翻过了一座山头。在山顶的西南侧连接两座山头的山坳里，林女士指了指前面说：“兵工厂就在那个场儿（当地方言，意为‘地方’），顺着大石头往下走就能看到。”笔者爬到几块平坦的巨石上，才将已经塌掉房顶的石屋看清楚。这处石屋长十几米，宽四五米，前后门和窗户的框架还能依稀辨出，墙壁上还能看到烟熏的痕迹。石屋后面有巨石和密林掩护，前面几块平坦的巨石紧靠着悬崖，站在巨石上可以清楚地看到海岸的情况。

从石屋向西北方向行进五十米左右，在一条山沟里发现几块长条石。宋立嘉介绍，这下面是一口井。“在这么高的山上，这口井里的水量还很足，水质也很清澈。锻炼钢铁、制造武器离不开水，战士们生活也离不开水，再往前不远就是制造武器的山洞了。”宋立嘉说。继续攀爬了几十米后，一个隐蔽的山洞洞口出现在我们眼前，里面别有洞天，山洞内是个不规矩的长方形，高约三米，长约五米，宽约四米。洞的周围砌有整齐的石墙，洞顶和四周墙壁上到处是凿出的坑和被熏黑的痕迹。“上次我们在洞里刨出了一个生锈的手榴弹拉环，地上这些生锈的铁块也是当年热炉里的残体，山下村民几十年前曾在附近山腰上捡到过哑火失效的手榴弹。”宋立嘉称，“山洞四周原本是用石头堵上的，留出了观测口，从外面不容易看出这里有个山洞。而且靠山涧的洞口能清楚地看到山涧以及对面山上的情况，方便侦察敌情。撤退的话也十分方便、安全。”宋立嘉对当年抗战部队的选址精妙连连感叹，他告诉笔者，“这里主要生产机枪和手榴弹，当时任青岛保安总队队长的高芳先还在崂山斐然亭试射后拍照留念。”

宋立嘉在兵工厂遗址中介绍，发现的生锈铁块就是当年热炉里的残体

制枪设备全靠肩扛上山

八十六岁的刘伦成老人当年曾多次去过团场山的兵工厂。他告诉笔者，设在附近山头的兵工厂不止一个：“在原来北长岭村旁边高石屋前怀的半山腰里还有个兵工厂，这个场儿主要制造步枪；在长岭村一些老房子里也有兵工厂，主要制造大盖枪。”老人回忆，在形势较为安全的时候，造枪主要在村里的兵工厂进行。

一旦形势危急，山上两个兵工厂就发挥了重要作用。

“当时驻扎在这里的部队是青岛保安大队二团的兵，团长是隋子玉，附近的几个兵工厂都是这个部队设立的。”刘伦成老人说。这些兵工厂里的旋床（做枪的机床）、风箱、煤炭、铁轨、粮食等物品，都是附近村民无偿帮忙扛上山的，制枪设备也是拆卸后扛上山，然后在兵工厂里组装起来。他十四岁时曾多次扛这些物品上山。他介绍，高石屋前怀的兵工厂规模比团场山的兵工厂规模还大，有三间石房。造枪工人都是从栖霞、文登等地请来的铁匠，稍大的兵工厂有二三十个人。“山上很简陋，晚上睡觉炕上挤不开，就随便挖个窝睡觉。”村里一些老人介绍，日伪军曾多次“扫荡”这里，找到制造枪械的旧屋就放火烧掉。日本飞机曾多次在山头上空轰炸，最多的时候一天轰炸两三次。他们也曾见过兵工厂制造出的枪械，还时常听到山上传来试枪的声音。

宋立嘉介绍，当年抗战部队攻打附近黄山村碉堡时，此处兵工厂制造的武器发挥了重要作用，震慑了日军。为此，当时的青岛市市长李先良还特意题字“表海雄风”记述这次战斗的经过，并刻在黄山村一块巨石上。可惜这块石头后来被破坏了，字也消失了。

小型兵工厂每天造步枪一支

宋立嘉告诉笔者，最近几年他和一帮同样爱好研究抗战史的朋友查阅诸多抗战资料，多次攀爬崂山并寻访当地老人，基本理清了崂山中存在的近十座兵工厂遗址。“白云洞附近有两所枪械修理所，长岭有两座兵工厂，大崂南面神清宫有一个兵工厂，还有一个兵工厂在庙石社区附近的熟阳洞，砖塔岭的兵工厂在蟹子甲。”

李先良曾在其《崂山抗战忆往》一书中回忆称，华严寺西北山顶上的白云洞，抗战初期曾是武器修械所，抗战部队长期在此制造枪械，日伪军察觉后对崂山进行了“扫荡”，翻出了旋床以及其他工具器物，一把大火将屋子焚毁，并杀害了六名道士和两名伙夫。为了选择一个安全而固定的地方，战士们在接近崂山之顶的山洞里建了一处新的兵工厂。书中写道：“制枪的材料，如钢铁、煤炭，工人的粮食，均须一包一桶捆在肩上，手攀悬崖、脚踏危石，气喘汗流地搬上绝顶去供给，像这样竟爬了三四年之久，其艰苦真是令人难以想象，正是这种看起来笨拙的做法，补充了崂山中抗战部队半数的武器。”

对抗战部队自制枪支武器的状况，李先良也有描述：“在武器太少穷蹙无计之中，便派队伍于夜间拔铁路钢轨取来用，铁匠工人将钢轨锯断，投入炉中手工锤炼，照着步枪的样式，一件一件来制造。”“小型工厂平均每天可造步枪一支，一个月三十支，一年便可有三百六十支。这种土造枪，连续可放二十发左右的子弹，过多则枪管发热会炸裂。”

（本文发表于 2015 年 4 月 25 日，选自《半岛都市报》）

毛泽东发出我军兵工厂“第一号命令”：一年内增加步枪一万支

文 / 袁和平

1937 年 9 月，八路军在平型关首战告捷，于雁门关毙敌遍野！消息传至延安，身居窑洞的毛泽东喜中有忧。喜的是此战威震海内外，极大地鼓舞了全国军民的抗战热忱；忧的是“八路军武器装备太落后了，蒋介石给的那点东西，口惠而实不至”。善于高屋建瓴、从战略高度思考问题的毛泽东拿定主意，“八路军得想办法，劈开一条自己生产武器弹药、自己装备自己的生路”。

他立即给周恩来、朱德等人写信，要求“必须在一年内增加步枪一万支，主要方法自己制造”。

此信后来被史学家视为毛泽东主席关于我军自己生产武器弹药、创办兵工厂的“第一号命令”。

据美国记者埃德加·斯诺的《西行漫记》介绍，红军主力部队抵达延安后，毛泽东和他的将军们立即决定建立兵工厂，用自己制造的武器武装自己、打击敌人。延安兵工厂就是这个时候，在这种背景下建立起来的。

埃德加·斯诺写道：“兵工厂像红军大学一样设在山边一排大窑洞里，主要的好处是完全不怕轰炸。我在这里看到有一百多个工人在制造手榴弹、迫击炮弹、火药、手枪、小炮弹和枪弹，还有少数农具。修理车间则在修复成排的步枪、机枪、自动步枪、轻机关枪。”“对吴起镇的这些工人来说，不论他们的生活是多么原始简单，但至少是一种健康的生活，自由、尊严、希望，一切都有充分发展的余地。”“他们是意识到他们是在为自己和中国做工，而且他们说他们是革命者！”

由此，中国兵工也就随着《西行漫记》传向了全世界。斯诺深情描述的延安兵工厂的厂址设在吴起镇。

人民军队的第一支自制步枪就诞生在这个默默无闻的小镇。延安兵工厂的创始人，就是制造出我党第一部无线电台的李强（中华人民共和国成立后担任过外贸部副部长、国务院顾问等职）。1938 年初春，根据周恩来的指示，当时正在共产国际工作的李强被召唤回国。他从苏联到达延安，先是担任军工局和无线电局的副局长（局长由中央军委参谋长滕代远兼任），主持全面工作，1941 年升任局长。中央交给李强最重要的任务，就是创建延安兵工厂。

因地制宜，就地取材，发展兵工生产，成为李强“白手起家”的法宝。

回到延安的这年春天，李强是在马背上度过的，他以“探宝”的目光四处搜寻发展兵工生产所需的各种资源。在陕北高坡，李强发现：陕北棉花是火炸药中硝化棉的原料，延长沟的石油是发展兵工的动力资源，黄土岗中的铁矿和煤矿可以用来炼焦、炼铁，陕北羊油资源可以用来提炼硝化甘油，木材资源可用来烧炭，这都是制造火炸药最好的原料。

八路军总部对创建延安兵工厂更是鼎力支持。总部要求各部队想方设法为军工局从前线或敌占区搞来各种设备、仪器、物资、原料，并帮助护送到延安，为我军兵工事业的开创与发展提供了重要保障。

在中央军委领导下，延安的军工事业从无到有，从小到大，从单一到全面，有了快速的发展。先是办起了战争环境下既便于转移，又利于生产的“马背工厂”，接着又设计制造出生产枪械的专用机床。面对陕甘宁边区被封锁的形势和前线的迫切需要，军工局全体同志响应党中央自力更生、艰苦奋斗的号召，主动想方设法，创造条件生产枪械弹药。

八路军总部还从沦陷区召集了一批技术工人，输送来延安，参与造枪、造弹的工作。“那时的条件非常简陋，但士气挺高。缺少原料，就用铁路上的道轨代替；没有铜，就号召前线战士收集废子弹壳，运到后方，再装上子弹头，称为‘复装子弹’；没有专用设备，就用手工加工。大家齐心协力，克服各种困难，终于在 1939 年 4 月 25 日生产出陕甘宁边区第一支七九步枪，这也是我军军工史上自己制造的第一支步枪。”当年军工局的老人如是说。

1939 年 5 月 1 日，延安兵工厂自制的第一支步枪送到延安桥儿沟展览。毛泽东主席拿起这支步枪仔细地看了又看，并拉开枪栓、举枪瞄准，高兴地说：“枪造得很好嘛！使上我们自己造的枪啦！”他又勉励大家：要创造条件，多生产，狠狠地打击日军。不久兵工厂就量产出了第一批步枪。这批步枪在进行全寿命试验时，打出了两百发的好成绩。从此，在八路军战士手中开始有了自己生产的步枪。为了表彰延安兵工厂作出的突出贡献，中央军委专门授予特等奖给兵工厂。

延安兵工厂里更是一派热火朝天的生产场面。

至 1944 年，陕甘宁边区已发展到一百二十多家工厂，其中军工系统就有八个工厂；工人队伍发展到一万两千余人，为边区的军工生产和民用工业生产奠定了良好的基础。随着抗日战争从相持阶段转入战略反攻阶段，各抗日根据地的军工生产也有了快速发展。

1939 年至 1943 年的五年中，延安军工企业共生产步枪九千七百五十八支、子弹二百二十万发、手榴弹五十八万余枚、掷弹筒一千五百门、掷弹筒弹十九万八千发、八二迫击炮弹三万八千发，修理枪支上万支，修炮四门，还为地方民兵生产了地雷上千万枚，为保卫陕甘宁边区，加快推进夺取抗战胜利的进程作出了实质性贡献。

（本文选自《学习时报》）

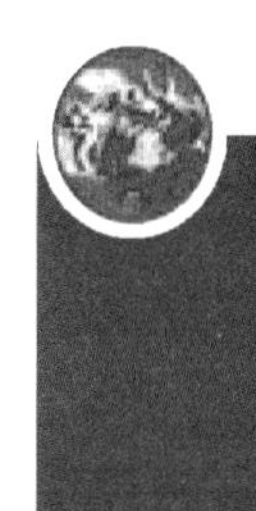

救亡图存的兵工脊梁

文 / 王海达　郭晓静

1938 年，第二十一兵工厂呈献的自己生产的爱国号枪炮共四十尊，用于抗击侵略者。其中水冷式马克沁重机枪二十挺，八二迫击炮二十门。

1944 年，第二十一兵工厂重炮厂研制的一百二十毫米迫击炮

“战以止战，兵以弭兵，正义的剑是为保卫和平。创造犀利的武器，争取国防的安宁，光荣的历史肇自金陵……”

这首郭沫若作词、贺绿汀作曲的厂歌，从 1932 年一直传唱至今。虽然歌名已经多次更改——从《金陵兵工厂厂歌》《第二十一兵工厂厂歌》到如今的《长安之歌》，虽然如今人们已经习惯把长安视为汽车企业而不是兵工厂，但这首创作于九一八事变之后的进行曲，却寄托着每一位长安人的强国梦、爱国情，承继着长安一百五十年来自强不息的企业精神。

“抗战时期运往前线的国产武器弹药里，有差不多六成是我们生产的。”说这话时，几乎每一位长安人都是同样的表情：自豪。

悲壮西迁　三个月恢复兵工生产

1937 年 7 月 7 日，卢沟桥事变爆发。8 月 13 日，日舰炮击闸北，淞沪会战爆发。

8 月 19 日起，日机数次偷袭南京重要军事目标，金陵兵工厂（由原金陵机器制造局改建）首当其冲，员工多有死伤。面对日军暴行，全厂职工群情激昂，彻夜抢修前方送来的出现故障的枪支火炮，以实际行动支援抗日。

11 月 12 日，上海失守，南京告急。金陵兵工厂奉令西迁。厂长李承干当日即遣人飞往重庆，在江北买下裕蜀丝厂、燮和火柴厂旧址，并立即着手安排工人修缮厂房。与此同时，李承干率迁运人员，日夜奔波于工厂、码头和火车站之间，交涉运输车辆和船只，督促设备与物资装运，在十六天内将重达四千三百多吨的机器设备、原材料和半成品，六千余副防毒面具、若干军火，以及前线运回待修的十八门大炮，拆卸、装箱、编号，装上四辆货车、三十辆卡车、六艘轮船和六只木船，分批运出南京。

抗战时期的第二十一兵工厂炮弹厂工房，主要生产迫击炮

历经千辛万苦，金陵兵工厂设备、工人终于在当年年底抵达重庆，在丘陵起伏、乱石成堆的江边重新建厂。尽管生活条件非常艰苦，但工厂职工却无一抱怨，齐心协力修建房舍、安装机器，争取早日恢复生产，支援前线。

1938 年 3 月 1 日，工厂更名为“第二十一兵工厂”，并正式恢复生产，一个月后开始生产前线急需的重机枪。

金陵兵工厂是抗战中西迁较早、损失最小、复产进度最快、生产业绩最为显著的兵工厂。当年的 11 月 26 日，《新华日报》刊载《开发后方与建立国防工业》社论，提出“经济建设工作应当以国防工业为第一重要”，“轻重武器生产刻不容缓”，并对李承干在金陵兵工厂西迁复工中的功绩大加称赞。

不惧轰炸　簸箕石成支前“桥头堡”

簸箕石是长江边上一个小小的河湾，也是第二十一兵工厂附近最适合小火轮停靠、装卸的地方。抗战期间，无数枪支弹药便是从这里被装上轮船，运送到抗战前线。

码头离工厂有一段距离，为此，工厂成立了一支约八百人的“夫子”队，专事材料、武器的搬运。和在南京时一样，第二十一兵工厂很快被日军列为轰炸对象。作为工厂最重要的运输节点，簸箕石也未能幸免。

一位了解那段历史的长安人介绍，刚开始时，不时有船只被飞机炸沉、“夫子”被炸弹炸死或炸伤。后来有了防空警报，警报一响，大家就把武器搬到隐蔽点，待警报解除再开工。后来，日机轰炸得越来越频繁，“夫子”队便开始白天休息，晚上搬送，“晚上工厂用探照灯照亮簸箕石，工人们连夜搬运”。

在1940年至1941年日机对重庆进行大轰炸期间，第二十一兵工厂被炸十四次，部分厂房机器受损，七名职工殉难，三十六名职工及家属被炸伤。厂长李承干昼夜操劳，到职工住地慰问，到生产现场指挥。步枪生产厂房被毁时，主任赵国才和职工群众一起连夜抢修，一名工人在搬运木料时因疲劳过度倒地而逝。

当时，“夫子”队里有一名陈姓工人在轰炸中殉难。后来，李承干将其遗孀安排到工厂食堂上班。陈嫂白天在食堂上班，晚上就来到丈夫被炸死的地方——簸箕石，给搬运工们帮忙。她的行为感动了一大批工人，后来很多工人都像她那样，白天在厂里造枪、造炮，晚上主动前往簸箕石帮忙搬运。小小的簸箕石，也因此成为第二十一兵工厂的精神堡垒，成为工人们抗战支前的“桥头堡”。

创新生产　步枪产量可装备一个师

通过扩建及接收其他兵工厂，第二十一兵工厂规模不断扩大，最终形成了十六个生产单位，生产包括步枪、轻机枪、重机枪及弹药等在内的十九个军工品种。为了满足前线对迫击炮弹的需求，还在安宁和綦江设立了两个分厂。

在厂长李承干的带领下，工厂生产规模持续扩张，管理机构渐趋完善，武器弹药品种扩大、产量不断增加，成为战时后方首屈一指的综合性兵工厂。据统计，抗战期间，第二十一兵工厂生产的武器弹药约占全国兵工厂武器总产量的百分之六十以上。单是步枪，每个月的产量即可装备一个师，为正面战场坚持抗战、夺取最终胜利作出了巨大贡献。

李承干站在广场上带领员工唱厂歌

与此同时，第二十一兵工厂生产、管理不断发展，技术、产品结构不断改进。如汉式步枪改为中正式、轻重机枪零件互换性的改进、一二〇迫击炮的研制投产等，都为杀敌灭寇增添了力量。

中将厂长李承干

“李承干，他不是国民党人，但他是中将厂长，这在国民党统治时期，没有第二人。”原长安厂党委书记向

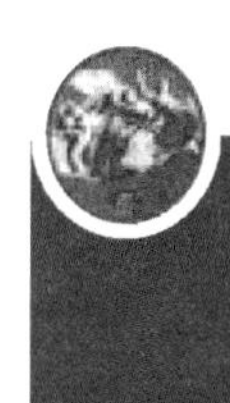

明鑫说，自己年轻时，就时常听厂里的老职工聊起李承干，他兢兢业业、廉洁公正、体恤职工的形象被一个个小故事丰满起来。

李承干对职员（管理层人员）严格，对工人宽厚。兵工厂内是禁止吸烟的，但是很多职工因为工作疲惫，触犯过这条禁令。“李承干看到职员抽烟，就会举起自己的手杖敲打，职员只得落荒而逃；但看到一线的工人抽烟，只要工人丢掉烟头，他便不再追究。”向明鑫说。至于李承干打跑的职员，他也不会责罚，他总是认为“跑了就是知道错了”。

他身居高位却不摆架子。重庆解放前，第二十一兵工厂的职工从江北到市中区，只能乘小船过嘉陵江，然后从临江门一路爬坡上坎。节假日，一些职员和自己的太太下船后会雇轿子，但李承干却是拄着手杖爬坡。但凡看到自己厂里的职员坐轿子，他会扬起手杖训斥：“难道你没长脚吗？不知道自己走？”

李承干一直没有结婚，和他办公室连着的那间斗室就是他的家。室内只有一张木板床、两只装衣物的旧皮箱，以及简易的桌椅、书架。业余时间，李承干经常去单身宿舍和工人们一起吃饭、聊天，打成一片。

作于抗战时期的厂歌

1932 年，著名文学家、诗人和学者郭沫若来到金陵兵工厂，看望在日本留学时认识的好友李承干。那时九一八事变刚爆发不久，民间抗日呼声高涨。谈话中，李承干表示，希望郭沫若能为金陵厂写一首铿锵有力的厂歌，以激励员工士气。郭沫若欣然应允，歌词写好后，还特意请上海国立音乐专科学校的贺绿汀谱曲。

这首高亢激昂的厂歌，很快在金陵兵工厂员工中传唱开来。西迁重庆并改名第二十一兵工厂后，这首歌在抗战中激励了一批批爱国员工生产报国。1996 年，长安汽车厂经慎重研究，决定将其确定并更名为《长安之歌》。如今，学唱这首歌已成为长安员工入职培训的必修课。

（本文发表于 2012 年 11 月 22 日，选自《重庆日报》）

武邑县花园村：一座老房子曾是兵工厂

文 / 李海菊　李永建

在武邑县审坡镇花园村有一座老房子，据了解，1944 年至 1947 年间，这里曾是八路军冀南军区第五军分区的兵工厂旧址，其内主要生产小型手枪和弹药。兵工厂旧址位于花园村的中央，正房坐北朝南，其内分为三间，主体由砖与土坯堆砌而成，部分墙体也已坍塌。

花园村兵工厂曾为抗日作出巨大贡献

经党史研究室深入采访、挖掘，这一尘封了七十余年的历史事实终于浮出了水面。花园村抗日兵工厂遗址现存有二十世纪三十年代建成的老房子三间，青砖灰瓦，为外砖里坯结构，已经部分坍塌。

据当地村民讲，原兵工厂的面积几乎是现在的两倍，这座老房子的西面，原来也是兵工厂的一部分，但只有这三间留存了下来。兵工厂始建于 1944 年，是由冀南军区第五军分区武委会主任沈铁民牵头成立的，之所以把兵工厂建在花园村，是因为这个村群众基础好，党员人数多，村民的抗日热情高，还有比较完备的地道，是当时的抗战堡垒村。李尔重、刘建章、陈登崑、韩培甫、刘格平等冀南军政领导都曾在花园村隐蔽过。兵工厂主要生产独撅枪，又叫“单打一”“撅把子”。它是一种土造手枪，每次只能打一发步枪子弹，没有膛线，威力巨大而精准度稍差。主要供敌后武工队、民兵等二线部队使用，原料是破击德石路时拆下的钢轨。兵工厂还

花园村抗战兵工厂遗址

能用空弹壳翻新子弹，把旧底火去掉，安上新底火，装上火药和弹头。再有就是翻砂、铸造手榴弹和地雷。兵工厂的工人除少数技术人员外，多数都是花园村和附近村的党员。敌情紧急时，兵工厂会转移到地道中隐蔽，有时也会在地道中生产。当时兵工厂的工人们发挥聪明才智，用简陋的工具制造出武器武装自己，沉重打击了日本侵略者，为抗战取得最后的胜利作出了巨大的贡献。

兵工厂的创建人是花园村党员赵藏珍

据衡水市林业局退休干部、现年六十六岁的赵东朝回忆，其父赵藏珍（又名赵金藏），1938 年入党，任花园村第一届党支部宣传委员，后担任组织委员、支部书记、十八村农会联盟主席，为抗日做了很多工作。赵藏珍曾多次冒死去天津为八路军购买急需的盘尼西林（青霉素），还曾经换衣掩护过当时的县委书记刘格平。赵藏珍原来是当地有名的中医，身份暴露后参加八路军任军医，还动员花园村青年叶碌礴、王长活、王孟东、王长海、宋万珍、姜宝云、姜连会等多名青年参军，抗战报国。其中王孟东、王长海为国捐躯，成为烈士。看到八路军武器、子弹短缺，赵藏珍便四处寻找机器，组织技术人员，还自学技术，创建了冀南五军分区兵工厂。

据赵东朝说，有一次八路军在他家试验兵工厂刚制成的独撅枪，不小心枪走火了，子弹击中了刚出生几个月的五哥赵桐馨的褴褛，幸而未伤及皮肉。1944 年 12 月，日军来“扫荡”，赵藏珍不幸被捕。敌人对他严刑拷打，他宁死不屈，始终不肯说出兵工厂的位置和八路军首长的下落。日军气急败坏，燃起大火，想要把他烧死。几个日本兵把他架起来往火堆里扔，他机智地就势滚出大火。连扔三次，他都滚了出来。正在这时日军小头目被上司叫走，其余的日本兵要喝水，让赵藏珍去担水，他这才借机逃脱。

村民为保护兵工厂曾做出巨大牺牲

花园村的兵工厂越办越大，抗日的烈火越烧越旺，敌人对花园村也恨之入骨。据原衡水市委副秘书长、现年八十五岁的马海忠老人回忆，其父马福全是花园村第一个党员，也是抗日村长，领导群众积极支前抗战，并参与兵工厂的筹建和运营。日军对他恨之入骨，多次搜捕他。他不得已带全家出逃，逃难路上五岁的弟弟不幸因病夭折。马福全被捕后，受尽了日军酷刑，但他咬紧牙关拒不交代兵工厂的下落和党的秘密。后来虽经党组织多方营救出狱，但最终还是因受刑过重，不幸牺牲。

1944 年 12 月 19 日凌晨，驻县城的日伪军包围了花园村，进村后挨家挨户搜查，见人就抓，见物就抢。村民王老黑因拒不说出兵工厂和五分区领导的下落，被活活烧死，村民姜子汝也被拷打致死，王占岗双耳被打聋。这次惨案，全村有五家店铺被日伪军抢掠一空；牵走牲口八十头，被褥、衣服、粮食拉走了五十余车；全村的猪、羊、鸡都被杀掉带走；还强奸妇女数名；抓走姜福桥、姜金忠等十二人，后来五人被送往日本做劳工，受尽了非人的虐待，其中一人被折磨致死。由于花园村村民舍命保护，坚壁在地洞中的兵工厂的设备和工人没有受到任何损失。

民兵连长王孟东一枪退敌的故事

花园村至今还流传着民兵连连长王孟东一枪退敌的故事。据衡水市公安局桃城分局退休干部、现年七十五岁的王同来介绍，他叔叔王孟东时任村民兵连连长，配有兵工厂生产的独撅枪一支和子弹数发。1944 年 12 月 19 日凌晨，日军来花园村“扫荡”，不巧头一天王孟东怕子弹受潮，把子弹晒在窗台上忘了收。当听到动静时，日伪军已经进了院，只好带着独撅枪和唯一的一颗子弹钻进了地道。日伪军发现窗台上的子弹后四处搜寻，发现了洞口。日本士兵让伪军下洞探查并喊话，王孟东将独撅枪内仅有的一颗子弹打响了，吓得伪军哭嚎着爬出洞口。日伪军难辨虚实，不敢再进洞，只好往洞内扔手榴弹，放火用烟熏，但洞内有完备的防护设施，洞内几十名干部群众和兵工厂的设备安然无恙，日伪军折腾了一阵只好灰溜溜地撤退了。

（本文选自燕赵都市网）

烽火中的胶东兵工

文/慕　溯　王　强　谢志诚　王林山

胶东兵工从1938年2月开始建立，犹如星星之火，零落地分布在胶东大地。几度春秋，几度安危，历尽风雨，历尽困苦，到1949年中华人民共和国成立前夕终成燎原之势。抗日战争和解放战争时期，随着革命形势的日益好转和人民军队的不断壮大，胶东党组织在党中央和中共山东省委的领导下，团结全区人民，克服困难，历尽艰辛，由小到大，由弱到强，在胶东陆续建立起九个兵工厂，拥有职工一万余人，设立了设备基地、技术中心及专门培养技术人才的胶东工业学校，形成完善且强大的胶东兵工体系。在生产方式上，机器工业式的专业生产厂取代了手工作坊式的修械所；在生产组织上，由起初的各自为战逐渐演变成全胶东、华东统一经营；在内部管理上，军事化方式逐步被注重企业化取向所取代；在领导归属上，经历了由军队直接领导到人民政府接管的规范发展。胶东兵工生产的武器弹药源源不断地供应胶东、山东以至华东、华北战场，为全国革命战争的胜利作出了重大贡献。

从修理枪支到造小炮

1937年七七事变后，中共胶东特委于12月24日在天福山起义，举起了“山东人民抗日救国军第三军”的旗帜，建立了胶东人民第一支抗日武装。为了及时修复损坏的枪支，1938年3月，第三军一大队在文登县（今文登市）李家庄村建立了六人修械所，所用的工具是钳子、打铁器等，行军时是“一担挑”。3月20日，第三军二大队（后改编为第三军二路）攻克蓬莱城后，在站马张家村设修械所，有工匠二十余人。同年3月，三大队攻克掖县（今属莱州市）县城后，筹办了一座小型兵工厂，开始修理枪支，后造过小炮。胶东第一兵工厂就是在此基础上创建的。1938年3月，为保证枪支弹药的供应，第三军总部决定建立兵工厂。总部派周吉隆着手筹建，厂址选在黄县（今龙口市）城东南的圈杨家，这就是胶

工人们正在制造迫击炮弹

东第一兵工厂。4月下旬，第三军总部抵黄县后，军部修械所、二路修械所、掖县修械所相继并入兵工厂。其时，机器设备大部分是征借来的，加之先前收缴的一批敌伪设备，已拥有车床等机械加工设备二十六部、柴油机四部、翻砂设备四套，以及电焊设备等。产品除了地雷、手榴弹、子弹、步枪，还有迫击炮和炮弹。至下半年，工厂已有职工两百多人，机器设备五十余台，同时在下院村设分厂，每月生产步枪三十余支、迫击炮四门、炮弹三百余发、复装子弹万余发、手榴弹五百枚、地雷两百余个，除供应第三军外，还支援兄弟部队。一年的时间，兵工厂初具规模，发展很快，产品优良，是当时我军绝无仅有的。

受敌军骚扰多次搬迁

1939年3月，日军进犯蓬黄掖抗日根据地。兵工厂在厂长张从周、政委姜谷峰的率领下，昼伏夜行，经过二十多天的跋山涉水，到达平度县（今平度市）涧里村。兵工厂归八路军山东纵队第五支队领导，因而改称"第五支队兵工厂"，自1940年起定名为"第一兵工厂"。此次转移使兵工厂设备遭到严重损坏，生产不得不全部靠手工，月产手榴弹约三千枚、迫击炮弹一百余发、地雷一百余个。当时主力部队转移，兵工厂常遭顽军骚扰，所以在涧里村生产不足三个月，被迫于6月迁至栖霞县（现栖霞市）庙后乡高家沟村。因村子小，满足不了兵工厂扩大生产的需要，仅驻了两个月，又在1939年8月迁到庙后乡回龙夼村西南的老庙沟。在当地群众的协助下，短时期内建厂房十一处，七十余间，并添置了三盘碾火药的石碾子。兵工厂迅速恢复枪支修理和子弹、手榴弹、地雷的生产，同时开始制造步枪、机枪和迫击炮，有力地支援了前方作战部队。同年10月，由于国民党顽固派蔡晋康部的骚扰破坏，兵工厂奉命随第五支队在后方留守，几经周折迁至蓬莱县（今蓬莱市）黄泥沟。11月，周吉隆于1939年3月在栖霞县北路家沟村组建的蓬黄战区兵工厂也搬迁至此并入该厂。

1940年1月，兵工厂搬迁至栖霞苏家店乡前寨、后寨、曹高家三个山村。

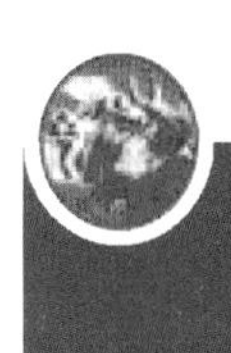

总厂部设在后寨村，以生产枪炮为主，曹高家村一分厂为火药厂，前寨村二分厂为翻砂、锻造、修械车间。10月，苗家村弹药厂划归第一兵工厂领导，成立第一兵工厂弹药分厂。1941年4月，第一兵工厂弹药分厂划归第二兵工厂（驻栖霞县官道乡喇叭沟村），其他部分与第五兵工厂合并，仍称“第一兵工厂”，全厂职工增至五百人。至1944年，主要生产复装子弹，生产手榴弹、七十五毫米及八十五毫米迫击炮和炮弹、掷弹筒和掷弹。1941年12月，兵工厂奉命由栖霞迁至牟平县（今牟平区）上垛玉夼、杨家沟等村。厂部驻上垛玉夼村，工厂设在该村南边隐蔽和安全条件最好的独立房内，主要制造手榴弹、地雷、子弹、炮弹、捷克式轻机枪等武器。1942年11月，日军开始冬季大“扫荡”。驻上垛玉夼村的兵工厂工作人员掩埋了机械设备后，与村里的民兵一起在村内埋设了地雷，做好了反“扫荡”的准备。日军挨家挨户搜索，不仅一无所获，反而被地雷炸死两个日本士兵。12月1日，日军再次“扫荡”上垛玉夼村一带，大肆烧杀，进行疯狂报复，烧毁房屋两百多间。但兵工厂的机械设备却被保存了下来，后又继续开工生产。1944年工厂迁至乳山县（今乳山市）眉豆夼、稍村、地口和地口南庙，主要任务是生产掷弹筒、掷弹和炮弹。1945年9月，第三兵工厂的机工部并入该厂。1948年，胶东等军区兵工厂奉命陆续向博山一带搬迁。

画报上学造平射炮

1938年12月，山东抗日救国军第三军和胶东抗日游击队第三支队合编为山东纵队第五支队。1939年7月，第五支队在掖县李家庄、连儿夼一带组建胶东第二兵工厂，又称“八路军山东纵队第五支队兵工厂”。1941年2月，该厂奉命迁驻栖霞县喇叭沟村，1942年初迁到牙山腹地，当地军民习惯称其为“牙山兵工厂”。其时，该厂有职工两百余人，各种机器设备车床十八部，这些机械设备大多是缴获国民党蔡晋康部队的。工厂除生产地雷、手榴弹、枪弹外，还制造迫击炮及其配用的炮弹、山炮炮弹等。

1944年，胶东的日军依仗坚固的碉堡、工事垂死挣扎。为解决八路军的攻坚武器问题，时任胶东军区司令员的许世友向军区各兵工厂发出了研制平射炮（平射炮是当时对弹道低伸火炮的统称）的命令。该厂于同年6月开始研制平射炮，但当时可供参考的只有从画报上剪下来的一张平射炮图片，以及从敌人手里缴获的十几发八八式穿甲炮弹。没有炮筒钢材，就用拆城隍庙时留下的一根钢柱；搞不到用于减小后坐力的弹簧，就用汽车弹簧来代替；车床长度不够，就加长中心支架进行加工；没有大型冲压机，就用车床加工铸钢制造炮弹壳。

胶东兵工二厂制造的“牙山炮”

全厂职工经过三个月的昼夜奋战，第一门平射炮和十几发炮弹终于试制成功。

1945年春，该厂又改进了平射炮的助推器，许世友司令员亲自观看实弹演习。三声炮响，三个目标接连开花，许司令员拍手叫好，当场将平射炮命名为“牙山炮”。1945年春节，八路军攻打国民党投降派赵保原的老巢——万第据点，胶东军区司令部调用“牙山炮”、重型迫击炮等十多门，将城墙炸开几个大口子，岗楼也被炸塌，万第据点被攻克。自此“牙山炮”的威名更加远扬。

胶东兵工厂“星火燎原”

随着抗日战争的发展，胶东区委根据党中央、毛主席和山东省委的指示，先后建立起了第二、第三、第四、第五四个兵工厂，胶东兵工进一步发展壮大。1941年1月8日，东海独立团配合第五旅第十四团，围歼了盘踞在昆嵛山辛庄、无染寺一带的“抗八联军”，缴获了一个有十几台简陋设备的修械所，东海兵工厂奉命接收。1941年3月，根据上级的指示，部队利用缴获的战利品，以东海兵工厂为基础，在泽头镇的上泊子、大宋家建立了第三兵工厂。厂部驻辛庄，周边的柳林庄、宫家庄、辛庄、六度寺、无染寺等都是工厂的驻地。4月底，厂部和机工部南下新防区，厂部驻下泊子，不久转移到大宋家，机工部迁至高家台子。1943年，兵工厂生产的轻机枪、掷弹筒等产品送延安参展。中华人民共和国成立后，胶东第三兵工厂发展到一千多人，迁到博山石灰坞，改属中央兵工局领导，改为第二兵工厂。1941年春，胶东第四兵工厂在栖霞牙山北麓高家沟村成立，后迁至清香崮、李老铺、河东等村。11月，与牙山地区第二兵工厂合并，“兵工四厂”番号撤销。1944年4月，胶东军区在栖霞县蚕山脚下曲家沟村成立第十三团弹药厂。7月，因日伪军“扫荡”，迁至寺口缴沟村，第十三团与第十四团换防，弹药厂归第十四团领导。10月，胶东军区决定，以第十四团弹药厂为基础，重新成立胶东第四兵工厂，主要生产

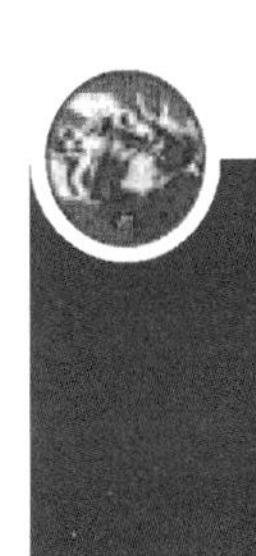

手榴弹等。1945 年 8 月，抗战胜利前夕，该厂迁至掖县。由于国民党挑起内战，1946 年秋，第四兵工厂又奉命迁回栖霞境内寺口乡的大榆庄村和邴家村，厂部、装配部、机工部驻大榆庄村，木工冶金部驻邴家村，主要生产八二迫击炮。兵工厂的人员发展到五百多名，生产规模扩大，武器质量提高。每月平均生产七千发迫击炮弹，曾创一个月生产三万发炮弹的纪录，全厂荣立集体一等功。1948 年 4 月，北海弹药厂并入该厂。此时，全厂职工人数达到一千三百多人。1949 年 7 月，“兵工四厂” 建制撤销。11 月，迁至淄博马石村与华东工业部所属二厂合并，始建山东兵工局兵工厂。

1941 年春，胶东军民展开“反投降战役”，消灭了大部分勾结日军、专搞“反共”摩擦的国民党投降派、杂牌军。根据地因此扩大，连成一大片完整的地区，兵工生产获得空前发展。胶东区委在牟平鹊埠山区建立了第五兵工厂，主要生产枪械。至 1942 年，兵工厂月产轻机枪最高可达十八挺。

第三、第四、第五兵工厂的建立，促进了胶东兵工产业的发展。1941 年 4 月，胶东兵工生产委员会成立，统一领导兵工生产，各厂的兵工生产开始向专业化迈进。1942 年秋，兵工生产委员会撤销，部队成立胶东军区后勤处，下设军工科，从此兵工生产由军工科直接领导。1944 年 10 月，八路军胶东军区司令部发出《关于军火生产建设的决定》，要求所属兵工厂努力生产，“除完成胶东区自给外，还要担负起供应其他兄弟地区的责任”。1945 年夏，胶东军区后勤部兵工总厂成立，9 月，对各厂进行了生产专业化调整：一厂生产机枪和炮弹壳；二厂生产迫击炮及其配用的炮弹；三厂生产枪弹；四厂生产八十二毫米迫击炮弹；五厂生产军用化工原料和火炸药。各厂生产效率、产品质量大幅提高。

全民自觉捐献军工原料

抗日战争全面爆发后，中共胶东特委团结胶东人民，迅速掀起了抗日救亡运动的热潮。自文登天福山起义，掖县玉皇顶、威海、潍县、昌邑等各地武装起义此起彼伏，先后创建了多支抗日武装，开辟了多个抗日根据地。抗日队伍的日益壮大，对敌斗争的日渐发展，迫切需要修理枪支、制造弹药，创建自己的兵工场所。胶东区委、行署和军区十分重视兵工厂的建立和发展，兵工厂自建立起就隶属军队领导，在各厂设立了教导员和指导员，有党的组织和青年团、工会组织。胶东区党委、行署、军区对兵工生产非常关心，只要兵工生产需要就设法予以解决，甚至通过地下党组织和“地下航线”，以及利用敌占区商人，千方百计给予支持。军区司令员许世友对兵工生产和工人安全非常关心。他得知制酸工人的衣服经常被严重烧蚀，又听说呢子衣服耐酸烧蚀，他就把缴获的日军的呢子大衣调拨给兵工厂制酸工人穿，把防毒面具拨给制酸、制火药的工人戴。第一兵工厂实验室在杨家沟自制硫酸成功，许世友司令员、贾若瑜参谋长亲自到场慰问祝贺，给工人、技术人员很大鼓舞。得知工人连续加班拼命生产，就强调要劳逸结合，注意恢复体力，必须加班的，要经批准，吃夜餐，增加保健活动。首长的关心，极大地教育了兵工干部，鼓舞了兵工工人。1941 年 4 月，为统一领导管理当时五个兵工厂，胶东军工生产委员会成立，下设巡视员两名、交通员一名、勤务员一名，第五支队司令员王彬兼任主任，王本贤为副主任。1945 年 9 月，胶东军区后勤部对兵工厂武器弹药生产与部队械弹供应分开管理，成立兵工总厂。胶东工业研究室建成后，为充实技术资料、仪器设备，胶东行署和军区通过各种关系，从大连、上海、香港甚至国外购置了十万分之一的分析天平、铂金坩埚、精密仪表、玻璃器皿等先进仪器和大宗科技图书资料。研究室的藏书，单是科技方面的就达四万多册，其中外文图书占多数。

兵工厂创建后，最大的困难是如何保障生产所需的工具、设备和原材料等物资供应。地方党组织和人民群众对此全力支援，保证供应。“有钱出钱，有力出力，一切服从战争，一切为了前线”，成为全民的自觉行动。为解决手榴弹生产缺铁、缺木材的问题，当地群众纷纷把废犁耙、破铸铁收集起来，一个村就献出几千斤甚至上万斤生铁，且分文不要。砍伐房前屋后的成材树木，工厂何时需要何时送到。为捐献有色金属造子弹，群众喊出“多献一枚铜圆，多生产一粒子弹”的口号，争当捐献模范。老农会会员把祖传的供器献出来，妇救会会员把自己箱子、柜子上的铜件拆卸下来，献给兵工生产。兵工厂缺少储存物资的库房，地方党员和积极群众的家就成为库房；工厂需要保卫、警戒，地方党组织带领干部群众积极参与、支持，随时为工厂巡逻、放哨，帮助保管、埋藏和转移物资。虽然敌人无数次“扫荡”“清剿”，但由于地方党组织和群众的帮助，兵工厂的物资和军工产品从未受到大的损失。各兵工厂由于正确地贯彻了党的抗日民族统一战线政策，团结各阶层群众，因而在短时间内就能聚集起当时被称为“精华”的机器设备和大批能工巧匠、技术人才。1947 年，国民党对山东解放区发动重点进攻，第四兵工厂为了能在一个月时间内完成十万发炮弹的生产任务，栖霞大榆庄、邴家村的人民群众及时组织人员支援工厂。群众进厂短期训练后，承担一些粗活，妇救会会员进厂帮助完成缝药包任务。群众与工人共同努力，终于按时完成任务，受到军区嘉奖。

兵工、工厂坚如磐石

抗日战争时期，胶东兵工的生产环境十分险恶。日军的“扫荡”，国民党的不断骚扰和经济封锁，都给兵工生产造成极大困难，但兵工战士表现出革命的大智大勇，甚至献出生命，确保兵工生产安全进行。

面对敌人的严酷封锁，兵工战士排除万难，多渠道保证材料需求。经常依靠群众的掩护、商人的协助，利用伪军中的关系混过哨卡，把材料运回工厂。第一兵工厂总务科王谟同志在前往即墨寻找商人关系时，被捕牺牲。其他同志前赴后继，不断从敌占区获取急需的材料和设备。工厂千方百计发动职工群众自力更生，就地取材，克服物资供给困难。制造手榴弹缺少焦炭，就组织工人上山建窑，伐树烧炭。复装子弹缺少无烟药，就搜集废旧电影片子，碱水洗去胶膜，制成碎末代替。在当时特殊的条件下，兵工厂发扬自力更生的革命精神，发挥集体智慧，创新多种土办法、土材料、土设备，制造硫酸、甘油炸药、双筒机枪，有力地支援了前线作战。

兵工不但是生产的主力军，还是保卫和保证工厂安全的战士。1942 年冬，在日军的“拉网大扫荡”中，兵工一厂警卫队的一个排为掩护兵工厂转移与敌遭遇，大部分壮烈牺牲。险恶的斗争环境并没有吓倒胶东兵工人，他们在“保卫机器，保卫枪支弹药，保卫工人，保证‘扫荡’后迅速恢复生产”的口号下，继续投入紧张的兵工生产中。由于设备简陋、材料缺乏，试验和生产过程中，发生过多次弹药爆炸、人员伤亡的事故，但胶东兵工人总结经验，继续工作，从不曾使试验和生产中断。

树立军工生产史上崇高地位

抗日战争和解放战争时期，胶东根据地的兵工产业白手起家，边战斗边生产。十一年里，发展成为具有系统化生产能力的大型兵工厂，注册员工九千七百九十六人，动力设备、工作母机七百八十六台；自主研发生产步枪、机枪、掷弹筒、六〇炮、大口径迫击炮、九二步兵炮、各种子弹、炮弹、硝化甘油炸药，以及大量化学原料。其产品覆盖整个胶东战场、山东战场乃至华东、华北战场，为军事胜利提供了物资保障，被誉为“华东的总后方”“我军军事供应的主要基地之一”。1948 年 9 月，中央军委后勤部调查组在《华东区军工工业概况报告提要》中提到：“由各项实力统计，知华东兵工生产首以胶东区为该区重心所系……胶东兵工系华东兵工主要部分，且兵工事业之建设为时已久，设备亦较各区较全，规模亦较大，而对生产统计及工厂管理各方面均有造诣。”1950年，重工业部兵工办公室山东视察组对山东三个兵工局进行考察后，这样评价胶东兵工：“山东各地在1938年已经分散成立了小型的兵工生产单位，规模简单，厂址无固定地点，随部队奔走，故生产未能正规。可是胶东发展得较快，后来成为山东兵工生产的主力。”胶东兵工生产“质量比较好，技术上也较有把握”。这些评价忠实地记录了胶东兵工在中国共产党领导的中国军工生产历史中的崇高地位。

（本文发表于2014年8月25日，选自《烟台日报》，有删节）

他为抗日拼上身家性命：卖家产建兵工厂造枪

文 / 袁晓霞

他叫曹永禄，河南巩县（今巩义市）小关镇人。牺牲前是八路军豫西抗日先遣支队第十九支队的连长。

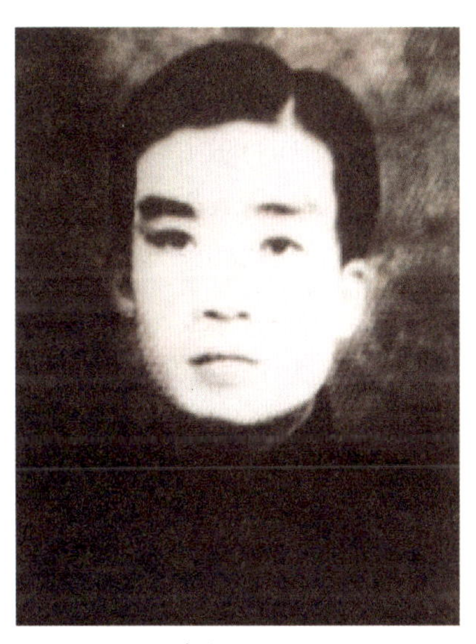
曹永禄烈士

和当时许多参加八路军的贫苦豫西子弟不同，曹永禄参加革命不是迫于生活无计，无以生存的不得已之举，而是出于当时先进知识分子的爱国情怀和对共产主义事业的坚定信念。

史料记载：曹永禄祖上曾任过县令。后世经商行医务农，家境富裕。到曹永禄这辈时，家有良田百十亩，牛马成群，且开有药铺。乡有俗语，曹家公鸡麦圈上一叫，曹家的麦子就往外冒。

不仅自家有钱，曹永禄的妻子更是当地大户人家的小姐，其祖父是清末“监生”。曹永禄妻子出嫁时，娘家陪嫁就有良田五十亩、庄园一座，其金银首饰、绫罗绸缎，箱装柜填，人抬马驮地排了一里多长。

抗战爆发时，曹永禄在西安化工学校读书。他对国民党不抵抗、“攘外必先安内”的卖国行径深恶痛绝。恰在这时发生了震惊中外的西安事变。共产党在这次事件中宣传的以民族大义为重，以国家生死存亡为己任，不计前嫌，一致抗日的主张，使之深为震撼。他多次和许多进步学生一起参加抗日请愿游行，参加各种进步团体举行的抗日活动，并在那时就把家中寄来的生活费捐献出来，作为各种活动的经费。也是在那时他接触到了西安的共产党地下党组织，原本他打算通过西安的地下党去延安，却因消息走漏，不得已返乡。

卖家产建兵工厂造枪发展地方武装

回乡后不久曹永禄就渡过黄河，到山西参加了八路军一二九师，在皮定均领导的特务团第十九连任连长。后来奉命重回家乡发展地方武装。短短几个月时间，就从当初的十几个人，发展到了七十多人。

发展地方武装，当时最缺的就是武器和弹药。为此曹永禄借口去收租，偷偷将妻子陪嫁的五十亩良田卖掉，还背着家人，偷偷卖掉了自家十几亩地。当妻子责怪他，卖地都不和自己打个招呼时，他又直接动员妻子，把陪嫁的几箱金银珠宝也拿出来卖掉供他造枪。

“日本人侵占了咱国家，有多少好地也得让他们占去，只有把他们赶走了，咱才能保住咱的地、咱的家！”

就这样，他又把妻子的陪嫁首饰也卖了。用这些钱在曹沟的一个天井院里建了兵工厂，还召集了因巩义兵工厂被炸失去工作的技工，购置了钢管、木料、火药及相关设备等。兵工厂就红红火火地开始生产了。他们生产的有仿汉阳造，有仿七九步枪，这些枪大都及时武装了地方武装，在后来的敌后抗日游击战中施展了威力。

为了造枪几次坐牢　兄弟怕受牵连闹分家父母与其断绝关系

那时的国民党并不是想象的那样抗日，相反，却视抗日的共产党八路军及抗日群众为敌。曹永禄造枪一事，他们是早有所闻，但曹家在当地是大户，所以没有真凭实据，他们不敢轻易下手。有一次曹永禄新枪试枪时，让伪保安团听到了枪声，就这样曹永禄被抓进了县府大牢。

妻子郑雪香回忆，永禄为造枪被抓去坐牢的次数数都数不清。每次都是家里四处花钱，当地地下党也找人营救。但每次一出狱，他又一头扎到厂里。

周而复始，兄弟们包括他的父亲都不乐意了。家业再大，也架不住他这样折腾。在他又一次被营救出狱后，家人坚决和他分了家。他的父亲因为怕受牵连，还特意声明和他断绝父子关系。而他也从此把自己的家变成了兵工厂的供给部，让妻子给工厂的工人做饭，让自己的大女儿往厂里送饭，大儿子则是帮着偷运材料和枪支。

有一次，曹永禄又被抓进了监狱，家人都忙着上下打点去营救他。他九岁的小儿子一人在家无人照管，自己去锅台上拿馍吃时，不小心让灶膛里的火烧着了棉衣。孩子小不知道，自己扒下了棉衣，结果身上的皮全都被粘掉。

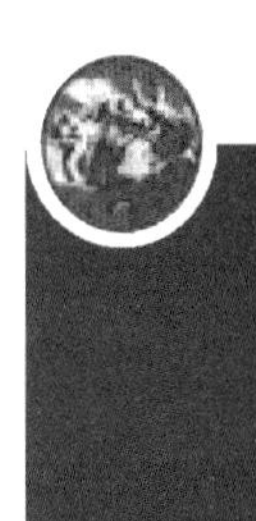

这样严重的烧伤得去县城的医院，而且，在那个时候，这需要很多钱。曹永禄，这个方圆百里闻名的大户人家的子弟，因为造枪买枪，变卖了家中所有的财产，眼下竟拿不出这笔给孩子看病的钱！就这样，孩子在家挺了一周，因伤口感染不治而亡。小小年纪，就这样早早地离开了他的亲人，离开了这个世界！

曹永禄的父亲、哥哥、嫂子、妻子、大女儿也因为曹永禄是八路军，而被敌人抓捕。他的父亲因为年迈走不动路，被伪兵打得吐血直至晕厥，被扔在了押往监狱的途中，后不治而亡。他的大女儿，在监狱里被关了九个月，直到折磨成疾，敌人怕她传染给其他犯人，才最终将她释放。他的妻子，则在监狱里受尽了酷刑，什么灌辣椒水、赤脚站石子;往身上泼冷水后，丢在雪地里“冻冰棍”……

他的家也被敌人放火烧掉……

所有这些，都没有动摇过曹永禄为抗日造枪买枪的决心。从 1938 年至 1946 年牺牲前，他先后卖掉自己及妻子娘家土地近百亩，还卖掉妻子陪嫁价值十万银两的首饰及家中所有值钱的物品。1944 年，八路军皮（定均）徐（子荣）抗日先遣队进入豫西后，他还把自己的家变成了兵站，每次部队外出作战后，都会来他家做休整。他及他家人用自家地里打的粮食为部队磨面推碾；因为他的哥哥是中医，他家也常常是部队医院，伤病员多在他家疗伤。

正是因为有曹永禄这样的共产党人，以及党领导下的全体豫西人民的支持，八路军豫西抗日先遣队才会在不到一年的时间里，由渡河时仅一千四百人的队伍发展壮大成为近万人的敌后抗日武装力量。他们为开辟敌后抗日根据地，粉碎日军打通大陆交通线的阴谋直至最后打败日本侵略者作出了积极的贡献。

令人痛心的是，这样一位优秀的共产党人，一位抗日爱国的仁人志士，没有牺牲在抗击日本帝国主义的枪林弹雨里，没有牺牲在日本侵略者的屠刀下，却牺牲在国民党还乡团的手下！

1945 年 8 月，抗战胜利。当初日本人侵占河南，国民党部队四十万人望风而逃，三十七天丢弃三十八座县城，此时却来“摘桃子”了。为了维护来之不易的和平，党中央指示豫西抗日先遣队撤出豫西，曹永禄奉命率领部队殿后。在一个名叫山怀的地方，曹永禄及其长子，也是他唯一的儿子，被叛徒出卖。他的儿子曹西斌被叛徒当场打死，年仅十九岁。

他本人则被叛徒引来的还乡团抓住，押回了他家所在的小关镇张家祠堂。在那里被敌人零割活剐，最后还被砍掉了一条腿，残害至死。尸体被挂在树上示众三日，又被扔到河滩。是他的妹夫冒死半夜偷着把尸体背到了附近的一个地窖里掩埋。直到中华人民共和国成立后他的遗骸才被迁入烈士陵园。而烈士的遗骸永远地少了一条腿。

很久以来，网上有一种声音，他们诋毁、抹杀我党我军在十四年抗战中所起到的中流砥柱作用，对我党我军在抗战中所付出的巨大牺牲视而不见，甚至质疑：共产党八路军抗战时在哪里？都干什么了？对此，曹永禄、曹西斌烈士用他们的生命，用他们的英雄事迹昭告天下：为了抗日，他——一个共产党人拼尽了身家性命！

（本文选自网易军事，原标题为“为了抗日，他拼上了身家性命”）